凤凰师轩
FENGHUANG SHIXUAN

行知工程
教师修炼系列

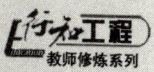

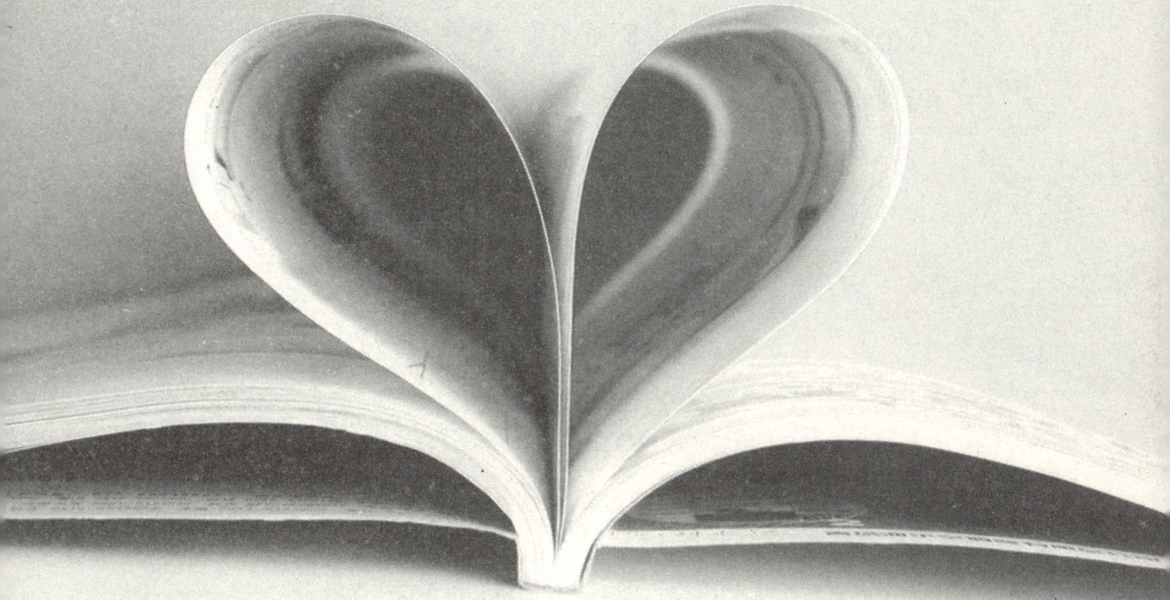

教育，爱与宽容

教师心灵礼仪修炼

许力争 编著

Jiaoyu Ai Yu Kuanrong
Jiaoshi Xinling Liyi Xiulian

江蘇鳳凰教育出版社
Phoenix Education Publishing, Ltd

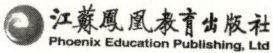

图书在版编目（CIP）数据

教育，爱与宽容：教师心灵礼仪修炼/许力争编著．—南京：江苏凤凰教育出版社，2015.10
ISBN 978-7-5499-5347-9

Ⅰ.①教… Ⅱ.①许… Ⅲ.①教师—修养 Ⅳ.①G451.6

中国版本图书馆CIP数据核字（2015）第183588号

书　　名	教育，爱与宽容——教师心灵礼仪修炼
作　　者	许力争
责任编辑	沈静明　雷利军　李媛媛
出版发行	凤凰出版传媒股份有限公司
	江苏凤凰教育出版社（南京市湖南路1号A楼　邮编210009）
苏教网址	http://www.1088.com.cn
照　　排	润星之源文化有限公司
印　　刷	三河市九洲财鑫印刷有限公司
厂　　址	河北省三河市灵山大口
开　　本	787毫米×1092毫米　1/16
印　　张	14.75
字　　数	212千字
版　　次	2015年10月第1版　2015年10月第1次印刷
书　　号	ISBN 978-7-5499-5347-9
定　　价	30.00元
网店地址	http://jsfhjycbs.tmall.com
邮购电话	025-85406265，85400774　短信　02585420909
E-mail	jsep@vip.163.com
盗版举报	025-83658579

苏教版图书若有印装错误可向承印厂调换
提供盗版线索者给予重奖

前　言

中国被誉为礼仪之邦，但许多礼仪都是等级式的。有人形容这种礼仪是"非人格尊严"的等级礼仪，是对平等的人格尊严的蔑视。本书探讨的正是如何平等地尊重一切人的尊严，扭转传统理念下人们对等级人格尊严的态度，使我们更加宽容、善良、友爱地尊重所有人，善待所有人。

欧美被誉为现代文明礼仪之都，但被介绍到我国来的礼仪大多是行为礼仪。而礼仪的真谛却往往是内心深处对人的尊重，是非行为的。我们把这种以内心的尊重、关爱为前提的礼仪叫心灵礼仪。如果不懂得什么是心灵礼仪，当我们做了一件自认为很有礼貌的事，即行为礼仪时，却有可能不小心伤害别人，成了不道德的行为。所以，如果一个人不懂得行为礼仪，我们只能说他不懂礼貌、不文明；但是，如果一个人不懂得尊重别人，不懂得心灵礼仪，常常有意无意地去伤害别人，那就是一种人格的不健全了。本书探讨的正是如何把中国人的人格与欧美人的人格结合起来，使人们形成健全人格，提高人格魅力。

我国古人提出了"五伦"的概念，即君臣、父子、兄弟、夫妇、朋友五种人伦关系，但其中不包含陌生人的伦理关系。这就导致陌生人之间的人际关系比较冷漠、虚伪、紧张，甚至出现诚信危机。五伦之间的爱，是天性，是人之常情，而对陌生人的爱才是衡量人类文明的标志。本书将努力探讨如何树立现代伦理观念，调节好陌生人之间的人际关系，提升社会公德意识。

据统计，近年来中国人的幸福感普遍低下，社会暴力事件增多。心理学家纷纷出招，但治标不治本。因为根源在于伦理价值观不适应现代社会的发展，人们没有从心灵上找到归宿。本书从心灵礼仪入手，从心灵审美的角度重塑伦理价值观，使我们重新认识生命的价值、人的价值和幸福的真谛。

现今，有人形容中国人的生活越来越灿烂，但心灵越来越枯竭；经济富翁越来越多，但精神富翁还很缺乏。经济学家李国鼎说："一个国家不可能长期保有进步的经济和落后的国民。"如果经济发达后，人们的心灵还得不到提升，那就有悖于经济和社会的发展了。本书探讨的正是如何提升心灵修养，让一部分人的精神"先富起来"。

有人认为，构建和谐社会要靠制度。没错！但衡量一个社会是否和谐，则要看公民的心灵素养及精神文明。心灵礼仪既是一门培养人文素养的学问，是手段；又是一种人文精神要达到的境界，是目的。因此，心灵礼仪的普及程度也是衡量社会是否文明和谐的关键。本书通过大量案例，从理论到实践，系统地提出了一些提升心灵修养的方法，能使人们潜移默化地提高心灵修养。

序

　　什么是心灵礼仪？我先给大家举一个例子。

　　有一次，我和妻子乘坐公交车，刚上车，就有一个孩子站起来，礼貌地对我妻子说："阿姨您坐。"我心里正夸这孩子真有礼貌，妻子却一愣，尴尬地说了声"谢谢"，然后很无奈地坐下了。下车后，妻子有点郁闷地说："我有那么老吗？已经有孩子给我让座了。"哦，这才是问题的症结，因为孩子的一次让座、一次很有礼貌的行为，却让她第一次感到自己老了。这也使我感到惊讶，原来我们所遵从的行为礼仪，有时也可能给别人造成伤害。

　　现在许多学校都开设了行为礼仪相关课程，学生也被教导得彬彬有礼。但是，由于行为礼仪的教育过于注重形式，而忽略了"礼仪的真谛是内心的尊重，要使对方感到愉悦"。礼仪的本质是一种道德体验，不仅需要具备道德的判断能力，还需要阅读心灵的技巧。不然，有时候行为礼仪也会让人感到尴尬。

　　因此，我们提倡心灵礼仪。心灵礼仪是以内心的尊重、关爱、善良为前提，经过道德判断和心灵阅读而表现出来的，使对方感到愉悦的思想、言行。

　　具体来讲，礼仪是伦理的外在表现。有什么样的伦理，就有什么样的礼仪。如果社会"礼崩乐坏"，就是伦理出现了问题。如果一个人讲文明、有修养，那是因为他真正懂得伦理道德。所以，教人以礼，首先要教人以道德伦理。有了成熟的伦理观、理性的价值观，即便不学礼仪，人们的行为也肯定是有礼的。

　　然而，很多教人礼仪的书籍并没有从伦理、价值观中找到根基，因而使人只能学到礼仪的皮毛，或者学得"四不像"，甚至换个场合就不知道怎么做了。本书则从三大伦理规则入手，对心灵礼仪进行了详细的介绍。

　　第一部分主要从个人的修养入手，重点推介的伦理规则是"己所不欲，勿施于人"。这一规则是我国传统的伦理典范，被推崇为黄金规则。这一规则致力于培养人们宽容、负责、热情、关爱、感恩、愉悦等心灵礼仪素养。有了这些素养，就掌握了较强的阅读心灵的能力及实施心灵礼仪的技巧。

　　第二部分主要从尊重他人入手，重点推介的伦理规则是"人所不欲，勿施于人"。这一规则是西方国家的伦理典范，被推崇为白金规则。传到我国后，也被有些人称为第六伦，即陌生人伦理。这一规则致力于使人养成了解、理解、谅解、尊重别人的习惯，要求人们善于换位思考，多站在对方的立场上思考问题。

　　第三部分主要从善待环境入手，重点推介的伦理规则是"天所不欲，勿施于天"。这一规则是由我国古人提出且被现代人极力推崇，在世界范围内有极大影响的现代伦理规则，被人称为钻石规则，也有人称其为第七伦，即环境伦理。人类的伦理信念已经从人类中心扩展至生命中心及生态中心；人类的伦理关系已突破人际关系，动物、植物及自然环境、社会环境均被列入伦理范围。所以这一规则致力于使人达到敬畏自然、尊重生命、关爱动植物、礼爱自然及人文环境的新高度。这不仅使我们与自然的关系更加和谐，也使我们的环境更加舒适；不仅使我们的心灵得以净化，也使我们的信念得以超越。

目　录

第一章　黄金规则：己所不欲，勿施于人

第一节　给心灵整容 ……………………………………………… 3
　一、为什么要给心灵整容——快乐使人美丽 …………………… 3
　二、如何进行心灵整容——多给善心以精神食粮 ……………… 4
　三、心灵整容技巧——改变自己 ………………………………… 5

第二节　诚信第一 ………………………………………………… 8
　一、为什么说诚信第一——没有诚信就没有生存 ……………… 8
　二、诚信危机的原因及危害——一人失信，万人受累 ………… 10
　三、如何维护诚信——信任约束弥足珍贵 ……………………… 12

第三节　热情是大礼 ……………………………………………… 16
　一、为什么说热情是大礼——让掌声传到遥远的地方 ………… 16
　二、热情的作用——让人感到温暖、受到鼓舞 ………………… 17
　三、如何让人感到热情——赞美如阳光，微笑如春风 ………… 19

第四节　宽容无价 ………………………………………………… 22
　一、为什么要宽容——宽容是爱的最高境界 …………………… 22
　二、如何培养宽容品质——潇洒、淡然、忍让 ………………… 23
　三、宽容的境界——勇于担当，大爱无边 ……………………… 25

第五节　父母之爱 ………………………………………………… 27
　一、母爱如何伟大——母爱如佛，母爱博达 …………………… 27
　二、感受母爱——尊重母亲这终身的事业 ……………………… 29

三　体味如山父爱——默默无语，胸怀无边 ………………… 30

第六节　心存感恩 ………………………………………………… 33
　　　一　为什么要心存感恩——使心灵得到超越 ………………… 33
　　　二　如何学会感恩——谦虚、敬畏、回馈、珍重 …………… 36
　　　三　感恩缺失症——不仅是失礼，更是对施恩者的亵渎 …… 37
　　　四　感恩的境界——感激万物 ………………………………… 39

第七节　勇担责任 ………………………………………………… 42
　　　一　为什么要勇担责任——这是灵魂的高贵之处 …………… 42
　　　二　勇担责任的作用——保护他人的自尊 …………………… 44
　　　三　如何培养责任心——中法两国比较 ……………………… 46

第八节　无礼不幸 ………………………………………………… 49
　　　一　为什么说无礼不幸——无礼不成人 ……………………… 49
　　　二　无礼的形成——无礼的社会是人类的悲哀 ……………… 50
　　　三　如何避免无礼——修养好第二身份 ……………………… 52

第九节　悦纳自己 ………………………………………………… 56
　　　一　为什么要悦纳自己——关爱自己也是关爱别人 ………… 56
　　　二　如何悦纳自己——我很重要 ……………………………… 57
　　　三　悦纳自己的体验——理解自己 …………………………… 60

第十节　愉快受纳 ………………………………………………… 63
　　　一　为什么要愉快受纳——领受也是慷慨 …………………… 63
　　　二　如何愉快受纳——赞美赏悦 ……………………………… 65
　　　三　愉快受纳的技巧——享受心安理得 ……………………… 66

第二章　白金规则：人所不欲，勿施于人

第十一节　呵护童真 ……………………………………………… 71
　　　一　为什么要呵护童真——童真就是天赋 …………………… 71

二、如何呵护童真——立法保障，尊重孩子 ……………… 73
　　三、呵护童真的技巧——像孩子一样保持童真 …………… 75

第十二节　礼爱梦想 …………………………………………… 77
　　一、为什么要礼爱梦想——梦想的价值 …………………… 77
　　二、如何礼爱梦想——梦想皆有神助 ……………………… 79
　　三、礼爱梦想的技巧——善待孩子的梦 …………………… 81

第十三节　鼓励为善 …………………………………………… 84
　　一、为什么说鼓励为善——鼓励就像为天使振翅 ………… 84
　　二、如何善用鼓励——多奖励，多用爱的语言与行为 …… 87
　　三、鼓励的智慧与技巧——正面的暗示，温柔的征服 …… 88

第十四节　保护自尊 …………………………………………… 92
　　一、为什么要保护自尊——自尊是金 ……………………… 92
　　二、怎样保护自尊——降低姿态 …………………………… 94
　　三、保护自尊的技巧——避免尴尬 ………………………… 97

第十五节　同情宜尊 ………………………………………… 100
　　一、同情时为什么更要尊重——人的尊严无价 ………… 100
　　二、如何尊重弱势群体——用智慧帮助更多人拥有尊严 … 101
　　三、尊重弱势群体的技巧——默默自然 ………………… 103

第十六节　尊重选择 ………………………………………… 106
　　一、为什么要尊重别人的选择——选择权即人权 ……… 106
　　二、如何尊重别人的选择——尊重少数派的意见 ……… 109
　　三、尊重别人选择的技巧——不评价，不强求 ………… 110
　　四、尊重别人选择的基本要求——不妨碍别人 ………… 113

第十七节　救助精神 ………………………………………… 115
　　一、为什么要救助贫困者的精神——只有精神才能战胜贫困 … 115
　　二、如何救助贫困者的精神——自救是关键 …………… 118

三、贫困者的精神更可贵——尊重、敬重 …………………… 119

　　四、救助贫困者精神的技巧——礼爱、关爱 ………………… 121

第十八节　理直气和 ……………………………………………… 123

　　一、为什么要理直气和——得理让人是一种气度和涵养 …… 123

　　二、如何使人崇德、遵纪、守法——培养大气人格 ………… 125

　　三、执行法规需要善意——公平只能体现在善意者的心中 … 126

第十九节　避免内疚 ……………………………………………… 129

　　一、为什么要避免让对方有负疚感——培养自我尊重 ……… 129

　　二、如何避免让对方有负疚感——换位思考，将心比心 …… 131

　　三、避免让对方感到内疚的技巧——处变不惊，若无其事 … 132

第二十节　玉成他人 ……………………………………………… 134

　　一、为什么要玉成他人——这是至纯至高的美德 …………… 134

　　二、如何玉成他人——理解、谅解、宽容 …………………… 136

　　三、玉成他人的心胸——舍弃狭隘，虚怀若谷 ……………… 137

第三章　钻石规则：天所不欲，勿施于天

第二十一节　自然有价 …………………………………………… 141

　　一、自然有价——环境价值如何估算 ………………………… 141

　　二、如何保护环境——向动物学习，回归天性 ……………… 143

　　三、敬畏大自然——科学不能战胜的，用人文适应 ………… 145

第二十二节　环境陶冶人 ………………………………………… 149

　　一、为什么说环境陶冶人——人文环境滋贤良 ……………… 149

　　二、环境造就天使与恶魔——用文明智慧调节人文环境 …… 150

　　三、环境陶冶人的理论——破窗理论、旁观者效应、路径依赖 … 151

第二十三节　以乐助人 …………………………………………… 156

　　一、为什么要以乐助人——助人者自乐 ……………………… 156

二、如何以乐助人——快乐是一种心态 ………………………… 158
　　三、以乐助人的理念——助人是为了快乐 ……………………… 159

第二十四节　崇敬生命 …………………………………………… 163
　　一、为什么要崇敬生命——任何生命都有价值 ………………… 163
　　二、如何珍爱生命——从容、镇静、博爱 ……………………… 165
　　三、生命的感动——爱的力量无限 ……………………………… 167

第二十五节　动物有情 …………………………………………… 170
　　一、为什么说动物有情——动物礼爱、自尊给我们的启发 …… 170
　　二、我们要向动物学习什么——善良可贵，奉献价高 ………… 172

第二十六节　分辨善恶 …………………………………………… 175
　　一、为什么要分辨善恶——小善为之成大善，小恶为之招大恶 … 175
　　二、如何分辨善恶——用博爱的心来感悟 ……………………… 178
　　三、勇于弃恶扬善——保持高贵，呵护善光 …………………… 181

第二十七节　坚定信念 …………………………………………… 184
　　一、如何认识信念——尊重信念的圣洁 ………………………… 184
　　二、信念的作用——荡涤心灵，驶向光明 ……………………… 186
　　三、信念的迷失与妥协——法、德、理合一 …………………… 187
　　四、信念的误区——不要让信念误入歧途 ……………………… 189

第二十八节　终级关爱 …………………………………………… 191
　　一、为什么要终级关爱——这是对生命最后的礼仪 …………… 191
　　二、为什么要研究死亡——未知死，焉知生 …………………… 193
　　三、如何面对死亡——认真倾听，给予尊敬 …………………… 195

第二十九节　国风民礼 …………………………………………… 197
　　一、精神文化观念不同——教育、消费、思想、价值观各异 … 197
　　二、个人素养不同——从道德水准、教育水平看民族素质 …… 201

第三十节　公共礼仪 ·· 204
一、什么是公共礼仪——公共产品所体现的人文关怀 ············ 204
二、公共决策者的公共礼仪——对个体精神的尊重与保护 ······· 207
三、城市文化所体现的公共礼仪——城市形象品位、风格与耐性 ······ 209

附　　录 ·· 213

第一章

黄金规则：
己所不欲，勿施于人

第一节　给心灵整容

心灵礼仪导航

行为礼仪告诉我们，出席社交场合及接待贵客时要精心打扮，盛装出席，以示对别人的尊重。心灵礼仪则要求，我们不仅要面带笑容，而且要面带善意，表现出谦卑、和蔼、友善。这种相貌的形成非一日之功，只有经常性地保持良好的心理活动和行为习惯才会在脸上留下美好的痕迹。经常微笑，脸上就会形成笑纹，就有一张笑脸，看上去就是一个性格开朗的人；经常关爱别人，就会有一张和善的脸，即所谓的面善。所以，要培养心灵礼仪，首先就要进行心灵整容，这是尊重别人的无形礼仪。

一、为什么要给心灵整容——快乐使人美丽

快乐使人美丽。基于这种认识，心理学家建议人们有时不妨假装幸福、假装英俊、假装成功。而事实多半也证实了他们的说法，那些这样去做的人大都改变了心境，提高了业绩，也随之改变了命运。

斯宾诺莎说得好："快乐不是美德的报酬，而是美德本身。"从某种意义上说，快乐本身就是一种道德，人们大都喜欢阿庆嫂，却很少有人喜欢祥林嫂。这是因为，我们也许有不善待自己的自由，却没有影响别人心情的权利。

化妆、盛装属于行为礼仪，快乐则是一种心灵礼仪。快乐比化妆更能让人变得美丽。

现代整容术已经能够把一张脸变成另一张脸，但整容多是从美丑入手，殊不知，相貌不仅能表现出美丑，还能表现出善恶，表现出智愚。正如叔本华所说："人的外表是表现内心的图画，相貌表达并揭示了人的整个性格特征。"

现代整容术也许能使人变得美一点，但在新面孔的背后仍是那个旧人，善恶、智愚仍然没变。况且人生易老，美好的容颜难以持久，然而善恶、智愚却会变得越来越明显。好在绝大多数人都会随着年龄的增长而逐步调整自己的心理，克服自己在相貌方面的虚荣心。事实上，在不同的年龄段，人们的相貌时刻发生着变化，人们对相貌的感觉和评价也在随之改变。

比如，对于一个成年人的外貌，我们一般不会对其五官的构造、皮肤的质地给予过多关注和评价，而更加看重其所展现的精神内涵。

在漫长的时光中，一个人惯常的心灵状态和行为方式总是伴随着他自己也意识不到的表情，这些表情经过无数次的重复后，便全都铭刻在他的脸上，甚至留下特殊的皱纹。最难以掩饰的是人的眼神，一个内心空虚的人绝对表现不出睿智的目光。我们大概都遇见过那样的人，他们的粗俗一望便知，仿佛就写在他们的脸上。而当我们面对爱因斯坦的肖像时，即使没有读过他的著作，但从他宽容、幽默、略带忧伤的神情中就能判断出他是一位智者。有趣的是，中国的圣人孔子和西方的圣人苏格拉底都是相貌极其古怪的人，但历史上并未留下人们认为他们丑陋的记载。

你会发现，一个人相貌中真正有吸引力的部分是那些显现了智慧、德行、教养、个性等心灵品质的因素。而相貌是心灵之窗，因此，要想使相貌更有吸引力，还是要从心灵的善良与头脑的智慧入手。要修炼心灵礼仪，请先给心灵整整容。

二、如何进行心灵整容——多给善心以精神食粮

《三字经》的第一句是"人之初，性本善"。天主教教义则认为，人

之初，性本恶。那么，人性到底是善还是恶呢？

一位年迈的北美切罗基人正在向子孙们传授人生的真谛。

他说："在我的内心深处，一直在进行着一场鏖战。交战是在两只狼之间展开的，一只狼是恶的——它代表贪婪、傲慢、自怜、怨恨、谎言、自私和不忠；另外一只狼是善的——它代表爱、和平、谦逊、仁慈、友谊、真理和忠贞。同样，交战也发生在你们的内心深处，在所有人的内心深处。"

听完他的话，孩子们都静默不语，若有所思。

过了片刻，其中一个孩子问："那么，哪一只狼能获胜呢？"

饱经世事的老者答道："你喂给它食物的那只。"

多读点好书，多注意自己的教养，多给善心以精神食粮，人才会有气质和魅力，脸上才会散发出光芒，才能实现内在心灵的健硕，才能战胜邪恶。

如何才能做一个有教养的人呢？只有了解这个问题的答案，才能帮助我们进行心灵整容。让我们试着寻找一下答案吧。

一位哲人断定，一个人的教养可以从三件事上表现出来：饮酒方式、花钱方式和愤怒方式。

一个自律的人，怎么会烂醉如泥呢？

一个自制的人，怎么会浪费财富呢？

一个自强的人，怎么会滥发淫威呢？

"知道自己正确而能沉默到底的人，他的力量是多么的强大。"这是康德的声音。

有教养的人，在得志和失意时都能表现得达观和低调；而没有教养的人，无论是得志或是失意都会显示出他的低俗。

三、心灵整容技巧——改变自己

听过这么一个由于改变了自己而事半功倍的小故事。

一位客人在机场坐上一辆出租车，这辆车的地上铺着羊毛地毯，玻璃隔板上镶着名画的复制品，车窗也一尘不染。客人惊讶地对司机说：

"我从没搭乘过这么漂亮的出租车。"

"谢谢你的夸奖。"司机笑着回答。

"你是怎么想到装饰你的出租车的?"客人问。

"车不是我的,是公司的。多年前我本来在公司做清洁工人,每辆出租车晚上回来时都像垃圾堆,地上全是烟蒂和垃圾,座位和车门把手上甚至有花生酱、口香糖之类的东西。我当时就想,如果有一辆一直保持清洁的车给乘客坐,乘客也许能够多为别人着想一点。

"领到出租车牌照后,我就按自己的想法把车收拾成了这样。每位乘客下车后,我都要察看一下,一定替下一位乘客把车收拾得十分整洁。这样我的出租车直到回公司时仍然能一尘不染。

"从开车到现在,客人从来没有让我失望过。没有一个烟蒂,也没有花生酱或口香糖,更没有一点垃圾。我觉得,人人都欣赏美的东西,如果我们的城市多种些花草树木,把建筑物弄得漂亮点,我敢打赌,一定会有更多的人愿意把垃圾丢进垃圾箱。"司机开心地说。

通常来讲,改变别人容易事倍功半,改变自己却可以事半功倍,一味地要求他人倒不如更多地反躬自省。你用心珍惜,他人自然会有所感应。当我们不再将眼睛只盯着别人,而是回到自己的内心世界,将心灵的尘埃打扫干净时,你会发现自己愉快了,别人也跟着愉快了。

改变自己的心态,不仅能改变自己的行为,还能改变自己的相貌,进而改变自己的性格与人生。

《古兰经》中有一个经典的故事。有一位大师,几十年来练就了一身"移山大法",大师的秘诀却是"山不过来,我就过去"。

现实世界中有太多的事情就像一座大山一样,是我们无法改变的,或至少是暂时无法改变的。"移山大法"的故事启示我们:如果事情无法改变,我们就要改变自己。

如果别人不喜欢自己,是因为我们还不够让人喜欢。

如果无法说服他人,是因为我们还不具备足够的说服力。

如果我们还无法成功,是因为我们暂时还没有找到成功的方法。

要想事情得以改变,首先得改变自己。只有改变自己,才会改变别人；只有改变自己，才可以最终改变属于自己的世界。

人生天地间，要想活得堂堂正正、俯仰无愧，就要学会不断擦拭自己的心灵，为自己的心灵除尘。做人当自省，面对是非恩怨当从检点自己开始。遭遇坎坷泥泞，切记不可损人利己，只要心中无愧，自可面对人世间的一切风雨。做人当自重，只要你不让心灵被灰尘所掩、让丑恶所擒，你就永远是自己心灵的主人。

给心灵整容，还要具备一个较高的境界。人生宛如行走在路上，但每个人的境界却不一样。

绝大多数人是"身在路上"，他们为自己设定了许多物质目标，然而最后都难逃恺撒之悲——恺撒在登上梦寐以求的皇帝宝座以后，曾说过一句发人深省的话："这一切原来是如此空虚与无聊。"

有一少部分人是"心在路上"，他们为心灵的自由而生活，在追求心灵自由的过程中，赋予人类文明以尊严与崇高，为人类留下许许多多弥足珍贵的精神财富。

还有极少的人是"神在路上"，如孔子、释迦牟尼，这些人留给人类的是他们那化育万物的慈爱，是熔铸一个民族的精神。

"心在路上"与"神在路上"的人生，是一种不能以世俗标准加以评判的生活。在人生的路上，我们不能心神不定、左顾右盼，不然，总会身不由己。

第二节　诚信第一

心灵礼仪导航

什么是诚信？诚即诚实、真诚，信即守信用，还指信任别人。如果个人诚信出现危机，在生活和事业中便会处处遇见"欲渡黄河冰塞川，将登太行雪满山"的窘境。正因如此，人人都应该把诚信看得高于一切。但诚信是易碎品，因此诚信不仅是一种外在制约，更是一种内在约束。

诚信是一种弥足珍贵的东西，是一份厚礼，没有人可以用金钱买到，也没有人可以用利益或武力争取到。它来自于一个人的灵魂深处，是流淌在灵魂里的清泉。它可以拯救灵魂，滋养灵魂，让心灵更加纯洁并充满自信。

一、为什么说诚信第一——没有诚信就没有生存

有一名留学德国的中国学生，毕业时成绩非常优异，便留在了德国四处求职。他曾拜访过很多家大公司，但全都被拒绝了。他很伤心，很恼火，又没别的办法，总不能饿着肚皮吧？于是狠狠心、咬咬牙，收起高才生的架子，选择去一家小公司求职。

然而，小公司虽然小，却仍然和大公司一样很有礼貌地拒绝了他。他忍无可忍，最终拍案而起："你们这是种族歧视！我要控……"

对方没有让他把话说完就低声告诉他："先生，请不要大声说话，我

们去另外的房间谈谈好吗?"

他们走进一间无人的房间,德国人请这位愤怒的留学生坐下,为他端上一杯茶,然后从档案袋里抽出了一张纸,放在他面前。他拿起这张纸看了看,竟是一份记录,记录的是他乘坐公共汽车曾经有过三次逃票被抓住的事情。他很惊讶,也很气愤:原来就是因为这么点鸡毛蒜皮的事,真是小题大做!

讲述这件事的是一位知名学者,讲到这里他说,德国抽查逃票一般被查到的几率是万分之三,也就是说,逃一万次票才可能被抓住三次。这位留学生居然被抓住三次,在严谨的德国人看来,这大概是难以饶恕的。

我当初听到这件事时,只是觉得这位留学生不该贪小便宜,直到最近,不断听人说起国际经济就是信誉经济的话题时,才明白德国人为什么把逃票这种小事看得那么重要——一个人在三毛两角的蝇头小利上都斤斤计较,不守诚信,还能指望在别的事情上信赖他吗?一旦受到金钱、美女等的诱惑怎么确保他不会出卖公司呢?一旦签订合同他会不折不扣地履行吗?

一个人诚信的建立当然要靠自觉,但如果全凭自觉,恐怕很难人人都能做到,其结果只能是越来越放纵,而放纵的结果是"卑鄙是卑鄙者的通行证",真正自觉的人越来越吃亏。一味强调自觉只能说明这个社会还不成熟,还不健全。

一个成熟、规范的社会,不但要考察每一个人,还要为他们建立必要的档案,这个档案是能够向有关方面证实人们的可信度的。这样,银行才会借钱给你,商家才敢和你做生意,别人才能与你合作,公司才会聘用你……诚信就是你的通行证,有了诚信,你就可以受人尊敬地通行于这个文明社会。

如果你不讲诚信呢?比如,你欠钱不还、乘车逃票、撕毁合同、偷税漏税、化公为私、说谎骗人,总之,只要有一次不讲诚信,你就会被加入黑名单,就会失去许多的机会,甚至在这个文明社会难以立足。

只有当一个社会不但能利用舆论,而且有能力惩治那些没有诚信的人时，这个社会才是健全的，我们也才能被他人信赖，我们才能够真正参与到国际经济之中去。

如果你撒谎，就要付出维护谎言的成本，特别是在大数据时代，你的谎言编得越大，维护谎言的成本就越高，而且随时要面临被人揭穿的风险。其实，成本最低的做人方式就是老老实实地做人。

二、诚信危机的原因及危害——一人失信，万人受累

旧金山有一座孤岛，它四面环海，水温常年低于10℃，小岛距离最近的陆地也有20多海里。天然的屏障使这座孤岛在19世纪就成了关押重要犯人的地方。没想到，20世纪初，有一个被关押在岛上的重犯只身泅渡爬上了陆地。只是长时间的泅渡耗尽了他身上的最后一点热量，陆地反而成了他生命的终点。然而他这次成功的越狱，却改变了这座孤岛的命运。孤岛从此失去了天然屏障的形象，因而也就失去了作为重犯囚禁地的价值。现在它只是一个普通的旅游景点。

旧金山犯人岛的变迁，直接反映了诚信在美国人意识中的地位。诚信是一件精美的易碎品，打造起来颇费功夫，毁坏它却不费吹灰之力。

美国人挣来10美元，能花50美元。买房、买车、购物都可以举债，但前提是不能违法。他们一旦违法，有了不良记录，信用度就会大大降低，在靠信用卡消费的国度就会寸步难行。市场上有太多的风险，有太多的不确定性，而人人趋利避害，都愿意跟信得过的人打交道。在美国，做什么事都注重担保，担保人一旦签了字，一切责任就全在担保人身上了，稍有不慎，担保人就有可能被拖入旷日持久的诉讼之中，因此他们签字时都很慎重。

在一个靠诚信生活的国度，绝对不能失去诚信。因此美国人非常重视自己的履历，重视自己在工作过程中树立起来的信誉。

就个人之见，我国文明向前发展最大的阻力，不是资金，不是人才，而是诚信的缺乏。

下面是一个中国人在瑞士的遭遇。

瑞士的冬天太冷了，寒气呛得人几乎喘不过气来。他希望在圣诞节

到来之前，能在这里找到一间房子，开一家专门销售五金产品的店铺。

"喂，你好，孩子。请问你是日本人吗？"忽然，身后的一位老者叫住了他。

他停下脚步，转过身去。老人一脸银须，戴着一顶样式古怪的皮棉帽，样子很和蔼。

"不，我是中国人。"他答道。

"哦，神秘的中国人！我猜你到这儿的时间一定不太长吧？"老人问。

他点点头。

"你看上去被冻坏了，是吗？要知道在这样的天气出门，你必须穿得厚实些，不然你会被冻出病的。"老人又说。

他疑惑地望着这位陌生的老人，猜不出他想干什么。

"我想你大概需要一顶棉帽子，这样你就不会感到冷了。"说着，老人从头上摘下自己的帽子，然后递给他，"戴上它，孩子，你会很暖和的。"

"你是在向我出售吗？"

"我不卖，孩子，这是我祖父留下来的，我只想把它借给你。你瞧——"老人用手指了指街对面的一栋大房子，"我到家了，而你可能还要在街上待一会儿。我只希望你别冻着。"

老人看了看表，告诉他明天这个时间再到这儿把帽子还给自己，并嘱咐他一定要买一顶帽子，因为这样寒冷的天气还将持续一阵子。

他执意不肯，但老人坚持要他戴，他只好戴上了。他询问老人的姓名，老人很有礼貌地告诉他，自己叫劳伦斯，曾经是这个小镇历史上第一位男性妇产科医生。

老人走后，他一时有些鼻酸。在这遥远又陌生的国度，在这冰冷的隆冬季节，竟然有一位陌生的老人借给他一顶祖传的帽子，这是多么不可思议呀！

路过一家帽子商店，他走了进去，一看标签，心中暗自一惊：最便宜的一顶帽子也要三百瑞士法郎！他转身就出去了。

第二天，老人如约在那里等待，准备取回自己的帽子，可是左等右等,就是不见那个中国人。第三天、第四天……中国人始终没出现。

"这简直太荒唐了!有个中国人竟然骗走了劳伦斯先生家祖传的帽子。"这件事很快就在小镇上传开了。

小镇上的人很淳朴,他们评判事物的标准一向简单明了,并且马上就能反映在他们的行动中。于是,他们毫不客气地给镇上所有中国人——甚至是日本人、越南人——贴上了"有色标签",认为他们都是不可信赖的人,从此不再与他们为友,不再买他们的东西,不再吃中国饭馆的食品,毅然决然地将中国人从他们的生活中剔除了。

当然,他也未能幸免。他始终租不到房子,瑞士房东们都拒绝把房子租给中国人;他没有朋友,人们都对他敬而远之;他不敢戴劳伦斯的帽子在街上走,甚至买不到一顶新的帽子,因为所有的商店都拒绝把帽子卖给他。

他被这里的天气冻坏了,最后,他病倒了。医生说他染上了风寒,而且病得很严重。

"竟然都是因为一顶皮棉帽?"他感到震惊和恐慌,灵魂深处遭受着前所未有的煎熬。他从未像现在这样,感到自己如此虚弱和乏力,孤独和凄凉!

如果你辜负了别人对你的信任,想要再找回来就太难了。

三、如何维护诚信——信任约束弥足珍贵

别人对你的信任不仅是一种尊重,而且是一种极高的礼遇。想要保持这种信任,就要靠始终如一的诚信来约束。下面所述是一位美国访问学者的亲身经历。

周末我到洛杉矶的全美连锁商场"价格俱乐部"给女儿买书。根据七岁女儿在电话中所做的简单描述,我挑了三本她可能会喜欢的故事书后,就去交钱了。

与往常一样,我刷完信用卡,就从收款的小姐手中接过机器打印出来的纸条,并没有多看一眼,就龙飞凤舞地签上了自己的名字,抱起书就走。可能因为出口处顾客太多,看票验货的小姐只是象征性地往我怀

中的书看了一眼，就在收据上飞快地画一道表示"验讫、放行"的彩线，道了一声"祝你度过愉快的一天"后，便又去招呼下一个顾客。

出了大门刚走到停车场，我下意识地瞟了一眼手中的收据，发现总额居然是40多美元，再细看，原来是多算了一本书的钱。我转身正要去"理论"一番，身旁刚从国内来美国不久的小张却显得比我"深思熟虑"，她说："你已出了门，他们会承认吗？"是啊，以惯常的思维来推理，我怎么能证明自己不是买了四本书，出了大门后私藏了一本，然后再去找商场退钱呢？当然，同来的小张可以为我作证，可商场会不会说她是我的"同谋"呢？不管怎样，我飞快地准备了一大堆说辞，准备找商场的领导，至少经理一级的主管投诉一番，即使退钱不成，也要证明自己不是无理取闹。

没想到，我准备的一大堆说辞居然一句都没用上。门口看票验货的小姐在百忙中只看了一眼我的收据和书，就隔着人群向收银台方向大喊一声："4号柜台，账算错了，退钱。"然后向我道歉，让我到柜台退钱。

因为是机器划卡和电脑计算，退钱要比收钱复杂一些，得经过两道手续，但每经过一道手续，工作人员都为给我带来不便而诚恳地向我道歉。在整个过程中，他们根本就没有怀疑我所担心而又无法证明的事。从商场出来后，我的心情远比退回10美元舒坦，其原因是，在心理的天平上我得到了人人都需要的基本砝码——信任。

撒谎在美国人看来是最要不得的恶习，犹如中国人看待偷盗一样，小偷一向为人所不齿。正因如此，美国人从不轻易怀疑别人撒谎，正如我们不轻易怀疑他人偷盗一样。所以，一般来说，你说什么，他们都信，除非有规定必须出示证明。

有一天傍晚，我开车到迪士尼乐园接人。在停车场入口处，守门的白人小伙子把停车卡夹在我的车窗上，并说："晚上好，7美元停车费。"

我一边掏钱，一边说："其实我只是来接人的。"

他一听马上说："那你不需要付钱。"说着换了一张免费停车卡递给我。

其实，傍晚到迪士尼乐园来玩的大有人在，他凭什么那么轻易地相信我是来接人的呢？让人担心这种"轻信"会成为管理上的漏洞。但当我把这种"担心"说出来与美国邻居路易讨论时，他却笑着说："他们不会相信有人会为了7美元的停车费去撒谎的。"

仔细想想，路易也许是对的。美国是个提倡信用的社会，无论是在日常生活中，还是在经济活动中都离不开信用。申请家用电话，使用管道煤气、电、水，租房等，都需要个人信用；公司贷款、贸易资金往来等，更要资信担保。但所有的信用表现都会永远记载在每个人的社会保险账号下。一个人的名字可以更改，个人的社会保险账号却一生不变。一旦发现作假或诈骗，个人信用就会彻底"砸锅"。正因如此，人人都把个人信用看得高于一切。

1994年，我在加拿大渥太华的卡尔顿大学做访问学者时，夏天曾到纽约旅游，特意去参观了仰慕已久的大都会博物馆。门口售票处的牌子上明码标价：成人票价——16美元，学生票价——8美元。我实在吃不准自己算不算学生，访问学者平时也与研究生一起听课，可以说是学生，但又没有像学生一样交学费，也没有学生证。我想省下8美元，可又怕售票员要我出示学生证，万一人家怀疑我撒谎，既丢"人格"，又失"国格"。

踌躇良久，我想出了个两全之策。我向售票小姐递出了16美元，同时对她说："我是从加拿大来的学生，如果……"我的下半句话是，"如果访问学者也能够算学生的话。"

可她还没等我把话说完，就面带微笑地问："几个人？"

"一个。"我回答。

她很快递给我一个当作通行证用的徽标和找零的8美元，并微笑着说："祝你在这里度过愉快的一天。"全然没有顾及我一脑子的"思想斗争"。

那天我的心情一直很愉快，不仅因为欣赏到了大都会博物馆精美的艺术且省下了8美元，而且因为这份信任。

有了这次愉快的经历后，我就时时想着要珍惜它。就像一个人一旦得到别人的尊重，就会加倍自重自爱一样。

时隔六年，我带妻子和女儿又去参观大都会博物馆。门票价格依然如故，但我已不再是当年的访问学者，而是挣着工资的驻美记者。尽管我和妻子从外表来看仍可以充当学生，但出于对信任的珍惜，也为了自重自爱，我毫不犹豫地买了两张成人票、一张儿童票。我的心情与上次一样愉快，因为我没有辜负别人的信任。

从此，我的头脑中生成了一种固执的想法：信任也是一种约束。

认识不到信任的价值的人是可悲的。但有些人往往为了蝇头小利，就把信任这个价值连城的东西给出卖了。

第一章 黄金规则：己所不欲，勿施于人

第三节　热情是大礼

心灵礼仪导航

> 人，生来喜欢快乐，厌恶沮丧；喜欢赞美，厌恶挖苦和冷漠。许多人之所以受人喜爱，并非全因工作能力强，而是因为这类人身上充满了热情。热情就像灿烂的阳光，能让人感到温暖、受到鼓舞。

一、为什么说热情是大礼——让掌声传到遥远的地方

长时间的掌声是种热情，是份大礼。让掌声在遥远的地方还可以听到，是一种对大师的敬仰。

罗尔斯教授是当代社会学大师，他以《正义论》一书奠定了自己在学术界不可撼动的地位。一位中国留学生曾经在哈佛大学听过罗尔斯教授的课，她在《哈佛琐记》一书中描述了课堂上的情景："罗尔斯讲到紧要处，适巧阳光从窗外斜射进来，照在他身上，顿时万丈光芒，衬托出一幅圣者图像，十分耀眼。"这一场景真是让人神往。

一学期结束，罗尔斯教授讲完最后一堂课时，谦称课堂上所谈全属个人偏见，希望大家能独立思考，自己下判断。说完，他走下讲台，全体学生起立鼓掌，向他致谢。罗尔斯教授有点内向、害羞，他不好意思地频频挥手，快步走出讲堂，可是，在他走出去后许久，掌声依然不息。在冬天拍手是件苦差事，这位中国留学生的双手拍得又红又痛，便问旁

边的英国同学到底还要拍多久。那位同学回答道:"让罗尔斯教授在遥远的地方还可以听到为止。"

什么是哈佛精神?这就是哈佛精神。正如哈佛校训所言:"让柏拉图与你为友,让亚里士多德与你为友,更重要的,让真理与你为友。"学术大师都是带领学生走向真理的向导,尊敬向导也就是向真理致敬。如果没有对真理的热爱、对学术的渴求、对教授的尊重,也就不会有今天的哈佛大学和今日的美国。

曾有人比较过哈佛大学与北京大学二者之间的差距。其实二者的差距就是美国教育与中国教育的差距,也是美国的经济实力和民族精神与中国的经济实力和民族精神的差距。

就教师群体而言,且不说学术水准的差异,单就敬业精神和诲人态度而言,两所学校也不可同日而语。我国大学的许多年轻教师总是想着在核心期刊发表论文、申请国家的研究基金、努力评职称,对讲课却常常是应付了事。他们与学生之间没有感情和心灵上的交流,上完课后便如同陌生人。这样的教师怎么可能赢得学生"遥远的掌声"呢?

就学生而言,在我们的大学里,也鲜有哈佛大学中那样尊重学术、尊重教授的年轻学子。许多学生以纯粹实用主义的态度看待自己的大学生涯,将大学仅仅视为"职业培训班"而已。读完了大学,练达了人情,增强了技能,但人格的提升和灵性的成长却远远没有完成。哈佛大学的学生说:"人无法选择自然的故乡,但人可以选择心灵的故乡。"然而,中国的大学生们很少有能把母校作为"心灵的故乡"的。

什么时候在我们大学的讲堂上能够出现那"遥远的掌声"呢?

首先得有一群由衷地鼓掌的学生和配得上享有掌声的教授。

二、热情的作用——让人感到温暖、受到鼓舞

通过给陌生人指路这一行为最能看出当地人的人文素养,一个人的热情也许能使他人感受到整个城市的文明。以下是一位游客在香港的经历。

我第一次到香港自由行,人生地不熟,还不敢问路,一怕他们听不

懂普通话，二怕他们对陌生人有戒心。但这样盲目地转效率太低，还是试试问路吧。

正巧迎面来了几个小学生，我们目光相对时，他们还热情地向我打招呼，于是我就大胆地问道："小朋友，×××怎么走啊？"他们停下来，相互询问着，可惜没有一个人知道。

我正感到失望时，突然有个孩子拿出手机说："等等，我问问妈妈，好像妈妈经常去，她也许知道。"

我为孩子的热情所感动，但有点不好意思，忙说"不必了"，可孩子已经拨通了电话。我正担心孩子的妈妈会不会让他少管闲事，因为社会上骗子太多了。可孩子突然把手机递给我说："妈妈要亲自给你讲。"我立刻被这突如其来的信任和热情感动了。

这位家长介绍得非常详细，从声音就能听出她始终面带着笑容。之后，我顺利地找到了目的地，还选购了很多礼物。但这天最让我开心、感动的还是香港人的热情，我就像收到了一份大礼。

批评别人也要讲心灵礼仪，如果以和风细雨、热情鼓励的方式，让人感到批评中包含的善意，才能真正起到批评的作用。

多年前，在威斯康星大学有一群非常聪明的男生，他们很有文学创作天赋，是未来的诗人、小说家和散文家。这些前途不可限量的年轻人定期聚在一起相互阅读并批评对方的作品。他们所做的就是挑剔。

这些人互相之间毫不留情，他们在批评中表现得无情、强硬甚至到了卑劣的地步。聚会成了文学批评的舞台，以至于这些孤傲的俱乐部成员称自己为"扼杀者"。

大学里其他有文学才干的女生也决定创办自己的俱乐部，与"扼杀者"一争高低，她们称自己为"争论者"。她们也互相阅读对方的作品，但与"扼杀者"有一个很大的区别：她们的批评是和风细雨式的，是激励式的，有时几乎没有批评。每种努力，甚至最微不足道的都能得到肯定。

二十年后，该大学的一个校友对同学的事业走向进行了一个统计，发现"扼杀者"与"争论者"在文学方面的成就简直是天壤之别。在所有"扼杀者"当中没有一个人取得任何突出的文学成就,而在"争论者"当中则涌现出了六位成功作家,其中一些已经闻名全国,如写出《西点二年生》的玛乔里·金南·罗林斯。

二者之间的天赋大致相当,教育程度也没什么不同,但"扼杀者"互相批评,而"争论者"互相提携。"扼杀者"助长了一种争论和自我怀疑的氛围,"争论者"突出的则是最好的而不是最糟的东西。

三、如何让人感到热情——赞美如阳光,微笑如春风

赞美一个人花不了几秒钟,但赞美如同灿烂的阳光,也许能使受赞美者整日都有愉快的心情。刘念国为我们讲述了这样一个关于赞美的故事。

我和弗兰西斯在一个拐角下了计程车。付钱时,弗兰西斯忽然对开计程车的黑人小伙子说道:"谢谢你,兄弟,坐你的车舒适极了。"

黑人小伙子愣了一下,继而皱了皱眉,撇着嘴说:"你在寻我开心?"

"不,我不是在寻你开心,真的。我很佩服你刚才在交通混乱时能沉住气,而且,你开车的技术真棒。"弗兰西斯说这话时一脸的真诚。

黑人小伙子笑了,露出满嘴漂亮的白牙:"是吗?谢谢您,先生,愿上帝保佑您!"他边说边朝我们挥手,并打算驾车离去。

弗兰西斯也笑了,他从上衣口袋里掏出了一个淡黄色的不干胶衣饰,递给黑人小伙子:"愿上帝同样保佑你。兄弟,贴上这个吧。"

不干胶衣饰上印着阿姆斯特朗灿烂的笑脸——这个隶属于美国邮政自行车队的车手,在被医院确诊患有睾丸癌后,仍一口气夺得了四次环法自行车赛冠军。他的头像下,印着一行字:阳光灿烂每一天。

"老兄,你刚才在干什么?"走出很远后,我仍有些疑惑不解,忍不住问弗兰西斯。

"我想让纽约多点人情味儿,"弗兰西斯答道,"如果有可能,我想让全世界每一天都阳光灿烂。"

"你一个人怎能做到?"我嗤之以鼻。

"我也许能够起带头作用——我确信刚才那句赞美能让那个黑人小伙

子整日心情愉快。如果他今天还能载30位乘客，他的快乐也许会传递给他们。依此类推，周而复始。怎么样，我这主意不错吧？"弗兰西斯一脸得意的笑。

"我承认你这套理论很中听，但你怎么能肯定那个黑人小伙子会照你的想法去做？而且，能有多少实际效果？"

"就算没效果我也没有损失——赞美一个人花不了我几秒钟。他如果不领情，明天我还可以赞美另一个计程车司机……"

弗兰西斯继续阐述他的观点，我却陷入了深思。

赞美如同灿烂的阳光，在照耀自己的同时，也照耀着别人。因此，不要吝啬你的赞美。

而微笑就像阳光花园里的春风，能使人舒展。一个不会笑的人，永远无法体会人生的美妙。

威廉·怀拉是美国推销人寿保险的顶尖高手，年收入高达百万美元。他的秘诀就在于拥有一张令顾客无法抗拒的笑脸，然而，那张迷人的笑脸并不是天生的，是长期苦练出来的。

威廉原来是全美家喻户晓的职业棒球明星球员，到了40岁时因体力日衰而被迫退休，而后便去应征保险公司推销员。

他自以为以他的知名度理应被录取，没想到竟遭到了拒绝。人事经理对他说："保险公司推销员必须有一张迷人的笑脸，而你却没有。"

听了经理的话，威廉并没有气馁，而是立志苦练笑脸。他开始每天在家里放声大笑百次，邻居都以为他因失业而发神经了。为避免误解，他干脆躲在厕所里大笑。

经过一段时间的练习，他又去见经理，可经理说："还是不行。"

威廉并没有泄气，仍旧继续苦练。他搜集了许多公众人物迷人的微笑的照片，贴满屋子，以便随时观摩。

他还买了一面与身体等高的大镜子摆在厕所里，以便每天进去大笑三次。

隔了一阵子，他又去见经理，经理冷淡地说："好一点了，不过还是不够吸引人。"

威廉不肯认输，回去继续加紧练习。有一天，他散步时碰到了社区的管理员，便很自然地笑了笑跟管理员打招呼，管理员对他说："怀拉先生，你看起来跟过去不大一样了。"这句话使他信心大增，立刻又跑去见经理，经理对他说："是有点味道了，不过那仍然不是发自内心的笑。"

威廉仍不死心，又回去苦练了一段时间，最后终于悟出了"发由内心如婴儿般天真无邪的笑容最迷人"，并且练成了那张价值百万美元的笑脸。

"有志者事竟成。"威廉苦练笑容的经历，为这句话做了很好的注解。一个不会笑的人，永远无法体会人生的美妙。

第四节　宽容无价

心灵礼仪导航

"恨不能释仇，唯有爱能释仇。"仇恨只能被化解，却不能被消灭。消灭仇人的最好方法不是把他杀死，因为杀死了一个仇人，会引来他的家人、朋友等更多的仇人。消灭仇人的最好方法是把他变成朋友。

一个人要容忍他人的固执己见、自以为是、傲慢无礼、狂妄无知是比较容易的，容忍对自己的恶意诽谤和致命伤害却十分困难。唯有以德报怨，把伤害留给自己，让世界少一些仇恨，少一些不幸，回归温馨、仁慈、友善与祥和，才是宽容的至高境界。

一、为什么要宽容——宽容是爱的最高境界

"一只脚踩扁了紫罗兰，它却把香味留在那脚跟上，这就是宽恕。"

我们常喜欢在自己的脑子里预设一些情形，认为别人应该做出什么样的行为。如果对方违反了这种预设，就会引起我们的质疑和不满。其实，因为别人的疏忽就感到不舒服，不是很可笑吗？

大多数人一直都以为，只要不原谅对方，就可以让对方得到一些教训。其实，真正倒霉的人是自己：惹了一肚子窝囊气，觉也睡不好，饭也吃不下。

下次再打算怨恨一个人时，请闭上眼睛，体会一下自己的内心，你会发现：其实怨恨并不会真的让你感到快乐。

一个人爱怎么做就怎么做，能明白哪些道理就明白哪些道理，你是否让他感到愧疚，对他来说差别不大，但不良的情绪却会影响你的生活。

面对伤害过自己的人，如果不想使他感到内疚和自责，就要始终装作不知道。以德报怨，那才是宽容的至高境界。

第二次世界大战期间，有一支部队在森林中与敌军相遇，激战过后，两名士兵与部队失去了联系。他们来自同一个小镇。

两人在森林中艰难跋涉，他们互相鼓励、互相安慰，十多天过去了，仍未与部队联系上。有一天，他们猎杀了一只鹿，依靠鹿肉又艰难地度过了几天。也许是战争使动物四散奔逃或被杀光，这以后他们再也没看到过任何动物。他们仅剩下的一点鹿肉，被其中一名士兵背在身上。后来有一天，他们在森林中又一次与敌军相遇，经过再一次激战，他们巧妙地避开了敌人。就在自以为已经安全时，只听一声枪响，走在前面背着鹿肉的士兵中了一枪——还好伤在肩膀上！后面的士兵惶恐地跑了过来，他害怕得语无伦次，抱着战友的身体泪流不止，并赶快撕下自己的衬衣为战友包扎伤口。

晚上，那个未受伤的士兵一直念叨着母亲的名字，两眼直勾勾地望着天空。他们都以为熬不过这一关了。不过尽管饥饿难忍，他们却都没动身边的鹿肉。第二天，部队就救出了他们。

事隔三十年后，那位曾经受伤的士兵说："我知道是谁开的那一枪，就是我的战友。他抱住我时，我碰到了他发热的枪管。我怎么也不明白，他为什么对我开枪。但当晚我就宽恕了他。我知道他想独吞鹿肉，我也知道他想为了他的母亲而活下来。此后，我假装根本不知道此事，之后也从未提及。战争太残酷了，他母亲还没有等到他回来就去世了，我和他一起祭奠了老人家。那一天，他跪下来，请求我原谅他，我没让他说下去。我们又做了几十年的朋友，我宽恕了他。"

二、如何培养宽容品质——潇洒、淡然、忍让

唐代著名的慧宗禅师常为弘法讲经而云游各地。有一回，他临行前

吩咐弟子看护好寺院的数十盆兰花。

弟子们深知禅师酷爱兰花，因此禅师走后，他们非常殷勤地侍弄着兰花。有一天深夜，狂风大作，暴雨如注。偏偏当晚弟子们一时疏忽将兰花遗忘在了屋外。第二天清晨，弟子们出门一看：眼前尽是倾倒的花架、破碎的花盆，棵棵兰花憔悴不堪，狼藉遍地。

几天后，慧宗禅师返回寺院。众弟子忐忑不安地上前迎候，准备领受责罚。得知原委后，慧宗禅师泰然自若，神态依然平静安详。他宽慰弟子们说："当初，我不是为了生气而种兰花的。"

就是这么一句平淡无奇的话，在场的弟子们听到后，在肃然起敬之余，更如醍醐灌顶，顿时大彻大悟……

初次读到这句话时，我也曾怦然心动。

在现实生活中，现代人时常心为物役，有太多的患得患失，错过了许多的快乐和幸福。

"我不是为了生气而种兰花的。"看似平淡的偈语里，暗藏了多少佛门玄机，又蕴含了多少人生智慧。我们应该时刻提醒自己：我不是为了生气而工作的，我不是为了生气而交往的，我不是为了生气而生儿育女的，我不是为了生气而生活的……

人生在世，不如意事十有八九。况且事已如此，生气又有何益？如果从此将那棵快乐的兰花栽种于心田，拥有兰心蕙质，我们的心中一定会盈满幸福。

当一件东西被损坏而无法挽回时，请潇洒地说："当初，我不是为了生气而……"无论受到多大的委屈，请学会淡然地说一句："就只有这样吗？"

另外，司机更应注重礼让、忍让。有人统计，礼让的程度与事故率成反比。

为什么新手司机容易出事？就因为顾不上礼让。

驾车需要很强的注意分配能力。开车的熟练过程，就是注意分配能力提高的过程。新手上路，驾驶室内的系统几乎已经占据了他的全部注意力，所以，很少再有能力去注意路况、前后左右的车距、反光镜、车速等。

因此，判断新手、老手和高手最好方法是，看他在驾车过程中，是否还有能力考虑到别人。

三、宽容的境界——勇于担当，大爱无边

以下是一个关于宽容的故事，每每读起都令人动容。

因为一场医疗事故，医院经过一番严密、细致的谋划，院方代表、律师及肇事医生都已到场，气氛紧张得如临大敌。

患者一方只有事故受害者的妹妹一个人，不过，许多不相干的人倒是都站在她这一边。那天，听到姐姐因医生的失误而成为冤魂时，妹妹一下子就蒙了！

想当初，因姐姐的眼睛有残疾，她才获得了允许出世的指标。父母后来相继去世，姐妹二人相依为命，姐姐省吃俭用地供她上了大学。眼看她就要毕业了，就可以好好报答姐姐了，姐姐却亡命于医生的误诊。

院方当然深知这次事故的严重性。这会儿，院长正亲自提醒有关人员看看还有没有疏漏，"智囊团"也搜肠刮肚地准备了好几套对策，包括赔偿金额的上限，将肇事医生暂时停职或解除合同，设法从患者身上寻找漏洞，妥善处理所有的诊断记录……

突然，楼道里传来了脚步声、说话声和抽泣声。一会儿，一位护士走进来，交给院长一张纸条，院长表情严肃地看了一遍又一遍，然后，把纸条交给了旁边的办公室主任："你给大家念一下吧！"

办公室主任站起身，清了清嗓子，念道："姐姐身遭不幸，医生和院方都难辞其咎。只是，人已去，即使争得再多的钞票，即使让失误的医生丢掉饭碗甚至坐牢，我那亲爱的姐姐也难再回头！所以，我决定放弃一切要求，只求医院能深深自省……现在，我按照姐姐生前曾经有过的愿望，捐出遗体，供做医学研究。"

听完后，现场一片沉默，已经有人默默将精心准备的假资料撕得

粉碎！

众人忽然想起了什么似的，纷纷站起身，跑出会客厅，跑出楼道，跑向医院大门口……

医疗事故在所难免。请将心比心，勇于承担责任，以免让死者因医生的失误而成为冤魂。

第五节　父母之爱

心灵礼仪导航

> 天底下最无私、最圣洁、最高尚、最伟大的爱，就是父母之爱。这世界上把一切都承担下来，最后却把自己忘了的人，就是母亲。父亲对我们的爱是大海，而我们对父亲的爱至多只能算是一条透明的小溪，与大海的浩瀚相比，根本微不足道。正因为这样的爱，才使人类的爱源源不断，并不断升华。父母之爱是人类一切爱的源泉。

一、母爱如何伟大——母爱如佛，母爱博达

无论你多么无助和无奈，也不管你怎样卑微和落魄，母亲拥有可以宽恕你的一切过失的胸怀。母爱如佛。

从前，有个年轻人一直与母亲相依为命，日子非常贫困。

后来，年轻人由于苦恼而迷上了求仙拜佛。母亲见儿子整日念念叨叨、不事农活的痴迷样子，苦劝过他几次，但年轻人对母亲的话不理不睬，甚至把母亲当成他成仙成佛的障碍，不时对母亲恶语相向。

有一天，这个年轻人听人说起远方的山上有位得道高僧，心里不免仰慕，便想去向高僧讨教成佛之道，但又怕母亲阻拦，便瞒着母亲偷偷离家出走了。

他一路跋山涉水，历尽艰辛，终于在山上找到了那位高僧。高僧热

情地接待了他。席间，听完他的一番自述，高僧沉默良久。当他向高僧请问佛法时，高僧开口道："你想得道成佛，我可以给你指条路。吃过饭后，你即刻下山，一路到家，但凡遇有赤脚为你开门的人，这个人就是你所谓的佛。你只要悉心侍奉，拜他为师，成佛又有何难？"

年轻人听后大喜，遂叩谢高僧，欣然下山。

第一天，他投宿在一户农家，男主人为他开门时，他仔细看了看，男主人没有赤脚。

第二天，他投宿在一座城里的富有人家，也没有人赤脚为他开门。他不免有些灰心。

第三天，第四天……他一路走来，投宿无数家，却一直没有遇到高僧所说的赤脚开门人。他开始对高僧的话产生了怀疑。快到自己家时，他已经彻底失望了。日暮时，他没有再去投宿，而是连夜赶回了家。

到家时已是午夜时分，疲惫至极的他费力地叩动了门环，屋内传来母亲苍老惊悸的声音："谁呀？"

"我，你儿子。"他沮丧地答道。

很快，门打开了。一脸憔悴的母亲大声叫着他的名字把他拉进屋里。就着灯光，母亲流着泪仔细端详着他。

这时，他一低头，蓦地发现母亲竟赤着脚站在冰凉的地上！

刹那间，灵光一闪，他想起了高僧的话。突然他什么都明白了。

年轻人顿时泪流满面，"扑通"一声跪倒在母亲面前。

看到这个故事的时候，我的心不禁怦然一动。母亲永远都是伟大的。不能事亲，焉能成佛？在你失意、忧伤甚至绝望的时候，千万不要忘记你身后立着的母亲。尽管她不能点拨你什么，但在你无助、无奈之时，她的微笑会如佛光一样为你映出一片光明，使你对人生充满希望。不管你怎样卑微和落魄，母亲永远是你可以停泊栖息的港湾，她的关爱和呵护会护送你登上一条风雨无阻的人生之船。

我们苦苦寻找的想要侍奉的佛，其实就是母亲。你想到了吗？

还听到过一个母亲为儿子祈祷的故事。

几天以来，吃饭时我的喉部常有火辣辣的痛感。在母亲的反复催促下，妻子陪我在街道卫生所做了一次检查。检查结果让我目瞪口呆，医生称我患上了致命的喉癌。当时我眼前一黑，万念俱灰，恍恍惚惚地回到家，强打精神对母亲说没什么大事。在被判"死缓"的日子里，我躺在床上依靠数着屋顶的椽子打发日子。

尽管我对母亲守口如瓶，可不久后母亲还是知道了真相。年近八旬的老母亲抱着我哭哑了嗓子……唉，眼看着白发人要送黑发人了。

从那以后，每天晚上母亲都跪在菩萨面前为我祈祷。每见此情此景，我滴血的心头都像撒了把盐。那天，我躺在床上发呆，两眼红肿的妻子来到床前，吞吞吐吐地对我说，母亲这几天不吃不喝好像患病了。我一听就急了，来到母亲面前提出要陪她去医院看病，她听后连连摆手拒绝。我明白，她不忍再给已负债累累的家庭增加经济负担。夜里，我含泪向妻子提出了陪母亲去市医院看病的要求，我想在自己的有生之年再尽最后一次孝，妻子含泪点头。第二天早晨，妻子谎称去市医院给我看病，想让母亲陪着一起去，母亲果然中计。到医院后，因为怕母亲看出破绽，我硬着头皮自己先做了一次检查，才哄着母亲做了一次细致的体检。

下午，检查结果都出来了，我拿过来一看，瞬间惊呆了：我患的是咽炎而不是喉癌，母亲却患有胃癌。知道化验结果后，母亲跪在医院的院子里老泪横流："谢谢菩萨成全……"见母亲在地上长跪不起，妻子抽泣着对我说："自从你病后，妈每天晚上都向菩萨祈祷，希望把你的病转移到她身上……"她从口袋里掏出一把黄纸条，"你看这些都是母亲让我写好供她焚烧的。"我抓过那纸条展开一看，黄纸红字格外醒目："菩萨显显灵，母命换子命。"

祈祷是爱的表达。祈求用自己的生命换取儿子的生命，母爱是何等的博达！

二、感受母爱——尊重母亲这终身的事业

每个人一出生就是亿万富翁了。因为你拥有一位那么精心、那么敬业的集奶妈、保姆、家教于一身的人来为你服务。

美国作家克里滕登写过一篇题为《母亲的价格》的文章，提倡应把

母亲所做的各项工作量化，给她们应有的肯定，并指出，母亲的工作是一项技术性的中级管理工作。若母亲的工作可获薪水，合理的年薪约为6万美元。

著名的埃德尔曼财经服务组织经过缜密的计算与评估，得出这样的结论：若将母亲所做的各项工作改为出钱聘人代劳，那么，子女一年所付的工钱高达63.5万美元。可以说，母亲的工资足以与大公司的总裁相比。

然而，不要说63.5万美元的年薪了，即便是6万美元一年的工资，又有多少子女能够支付得起？原来，我们在享受母爱的同时，不知不觉之间，已经欠了母亲那么巨大的一笔薪水，而我们自己却依然那么心安理得。我们常说母爱无价，是不是也有为自己掩饰什么的意图呢？

母亲们却不知道这些。我想，天底下的母亲大约没有几个人知道自己一年能拿到这么多的薪水，即便知道了，可能也是一笑了之，没有人会真的向子女伸手要这笔钱。

母亲是一项事业，是一种无薪水的工作。女人一旦做了母亲，几乎无一例外地全身心投入。这份劳碌、繁杂又永无止境的工作，母亲们做得细腻，做得纯粹，并且乐此不疲，头发做白了，腰做弯了，眼睛做花了，她们也毫无怨言。对于她们来说，做母亲，是一生中最大的事业。

母亲，只有两个字，轻轻地读出来，却又如此沉重。它积淀了一个女人一生的时间和汗水，还有那么多的债务——子女们欠下的、永远也不能支付的母亲的工资。

三、体味如山父爱——默默无语，胸怀无边

父爱如山山无语。

关于父爱，人们的发言一向是节制而平和的。母爱的伟大使我们忽略了父爱的存在和意义，但是对许多人来说，父爱一直以其特有的沉静的方式影响着他们。父爱怪就怪在这里，它是羞于表达的，疏于张扬的，却巍峨持重，所以有人说，父爱如山。

前不久在去上海的旅途中，我带了一本消遣性的杂志乱翻，不经意

翻到了一篇并非消遣的文章，是一个美国人记叙他眼中的父爱的。那位美国父亲多年如一日为儿子榨橙汁的细节首先让我想到了我的父亲。我的父亲几十年如一日地早起，为儿女熬粥，直到儿女一个个离开家庭。我一直在对比中阅读这篇文章，作者说他每次喝光父亲榨的橙汁后必然拥抱一下父亲，对父亲说一声"我爱你"，然后才出门。那位美国父亲则自然地接受儿子的拥抱和爱，什么也不说。拥抱在西方的父子关系中是一门必备课，但我从来就没拥抱过我的父亲，只是小时候每天第一眼看见父亲都必然会例行公事地叫一声"爸爸"。我长大了一些后，觉得天天这么叫有点烦，有时就企图蒙混过去。父亲的方式是走到我面前，用手指指自己的鼻子，这时我只好老老实实一如既往地叫声"爸爸"。那个美国儿子与我一样，他有一天也厌烦了这种例行公事的拥抱，喝了父亲的橙汁后，便径直想溜出去，那位美国父亲就把儿子挡在门前说："你今天忘了什么吧？"我想这时候换了我就顺势说"谢谢你提醒我"，然后拥抱一下了事。但美国的儿子毕竟与中国的儿子不同，他想得太多，贸然提出了一个非常"尖锐"的问题："爸爸，你为什么从来不说你爱我？"在文章结尾，当父亲终于对儿子说出"我爱你"时，他竟然难以自持，哭了出来！

我读到这儿也差点哭了出来。我想我永远不会逼着我父亲说"我爱你"。假如父爱不需语言，就让我们永远沐浴在这种无言的爱中吧！

父亲的细心也能体现出父爱无边。爱你而不打扰你，也是一种心灵礼仪。

一个女孩曾对我讲过这么一件事。

我每天早晨上班时，都要去父亲的住处，坐下来陪父亲喝一杯茶。他每天都要做好早点等着我，因为他不想让我不吃早餐就去上班。

在一个下雨的早晨，外面刮着冷风，我因为前一天晚上忘了将闹钟定时而睡过了头，因此来不及去看望父亲，于是我给父亲打了一个电话，并做了解释。

"你真的不来了吗？"听筒里传来了父亲关切的声音，话音里包含着一种明显的失望。我便向父亲保证："爸爸，我明天一定去看您，真的。"

第一章 黄金规则：己所不欲，勿施于人

说完，我便骑上车去上班了。刚出家门拐过弯，绕到房后时我发现，冰冷的雨中站着孤零零的父亲，他的手里提着一只装着早点的塑料袋，如一座丰碑一样耸立在那里。原来父亲为了让我能够吃上早点，一接完电话便赶了过来。更令人感动的是，他怕我还要坚持坐下陪自己喝茶而耽误上班，便一直默默地守候在我的屋后，丝毫没有进屋的意思……

女孩讲述到这里，她的眼睛明显地湿润了，里面闪耀着一种叫作爱的亮光。

第六节 心存感恩

心灵礼仪导航

> 感恩是一种生活态度，是一种善于发现美并欣赏美的道德情操。感恩是一种美好的情感，是道义上的净化剂、事业上的原动力和内驱力，是人的高贵之所在。
>
> 懂得感恩的人，往往是有谦虚之德的人，是有敬畏之心的人。对他人心存感恩，就会常怀仁爱之心、慈悲之心。心存感恩，就要布施行善，多给予，少掠取，使自己心灵富足。

一、为什么要心存感恩——使心灵得到超越

一直以来，"感恩"在我心中的含义是感谢恩人。所谓"恩人"，乃是于己有大恩大德者。

其实，感恩不一定要感谢大恩大德。感恩可以是一种生活态度，一种善于发现美并欣赏美的道德情操。如果我们拥有一颗感恩的心，善于发现事物的美好，感受平凡中的美丽，那我们就会以坦荡的心境、开阔的胸怀来应对生活中的酸甜苦辣，让原本平淡的生活焕发出迷人的光彩！

有一天，当你忽然觉得有许多东西需要感激时，祝贺你，你的心灵已经实现了超越。

对父母心存感恩，就会常怀孝心，常有孝行。父母给了我们生命，还有什么比这更贵重的礼物呢？没有他们，世上就没有我们。常言道

"父母的恩情似海深",这是说它的深广厚重。不过,我觉得说它是长江黄河发源地的小溪更为贴切,那么若有若无,若隐若现,源源不断,清澈透明,然而只有当它流过"八千里路云和月",流过一天天的日子后,才能成其深、成其大。我们在岁月的河边行走,有了父母大爱的滋润浇灌,才不会感到孤单。许多人对父母真正的爱心往往在父母离开他们之时产生,望着那空了的病床,才能更加真切地体会到父母之爱。没有了父母,我们就像迷路的孩子找不到家,像断线的风筝在空中飘荡。父母是我们心的依靠和归宿,有雨的日子是头顶撑起的一把伞,伤心的时候是为我们擦去泪花的手帕。对父母心存感恩,就要常常唤醒沉睡的良知,在自己的小家装修得富丽堂皇时,去看看父母的房子漏不漏雨;自己在外饮酒作乐潇洒自在时,想想父母在家里是否感到孤独。《常回家看看》这首歌就是要对父母心存感恩的呼唤。

对他人心存感恩,就会常怀仁爱之心、慈悲之心。荀子曰:"积善成德,而神明自得,圣心备焉。"懂得给予,就永远有可给予;贪求索取,就永远需要索取。给予得越多,收获也越多;索取得越多,收获就越少。人的一生,为他人付出得越多,他的心灵就越富足,他越会过得胸怀坦荡、泰然自若;一个人给得越少,他的心灵就越干枯,他越会过得心神不宁、惴惴不安。得到别人的帮助时心存感恩,就会让你在别人遇到困难时伸出援助之手;与人发生矛盾时心存感恩,就会让你想起往日他对你的关心、帮助,以化解心灵的隔阂,让友谊常在。心存感恩,就必须宽容,只有宽容他人,才能够享受到生活的美好。

对事业心存感恩,就会忠诚、敬业。即使是为单位做出了巨大的贡献,也不要居功自傲、目中无人,你仍要心存感恩,感激你和事业一起成长,感激单位为你提供了施展才能和抱负的平台,感激领导对你的信赖、重用和同事对你的大力支持。在你向着既定目标努力奋斗的过程中,只有心存感恩,才会对事业忠诚,才能获得继续前进的内驱力。将你的现有成功看成一个巨大的感动,你才会获得更大的成功,做出感动他人、感动自己、感动单位乃至感动中国的壮举。

对生命心存感恩,灵魂会不断得到净化,就会向圣人的高度不断靠近。生命的产生和存在本身就让我们感动不已，男女结合时，上亿的精子中唯独那一个突破重围，赢得和卵子的结合权，缔造出生命。谁能说生命的产生不是王者的胜利，不是一种幸运？为此我们应该感激上苍，感激机缘的垂青。然而生命又是以血肉之躯这样一种脆弱的形式存在着，它有时简直像雕花玻璃一样脆弱，喉管、静脉、心脏等生命至关重要的部分，只是被一层皮肉包裹着，太容易受伤。一次，我去观看聋哑儿童表演芭蕾舞《天鹅湖》，她们都是只有六七岁的小姑娘，穿着白色天鹅裙，一个个如天使般美丽可爱。然而，她们只能在指导老师的带领下进行表演，舞台上播放着优美动听的音乐，她们却一点也听不见。看着她们整齐优美的表演我流泪了，流下的是感激的泪水。我感激上苍让我拥有一对好耳朵，能听见音乐和大自然的天籁；让我拥有一个好嗓子，能唱出我心底的歌；让我拥有一双明亮的眼睛，能看见五彩斑斓的大千世界。上天给予我太多的恩赐，比起这些可怜、可爱的小姑娘，我简直是太富有、太幸福了。有这么一句话："一个女孩因为她没有鞋子而哭泣，直到她看见了一个没有脚的人。"是啊，我们对身边拥有的一切都应该倍加珍视并心存感恩。

　　对生活心存感恩，你就不会有太多的抱怨。世上没有十全十美的事物，许多事情往往都是双刃剑，若只看到刀刃的一面，受伤的永远是自己。比抱怨更为重要的是自己为改变这一切做了哪些努力。

　　对大自然心存感恩，就会以朋友的身份、和平共处的心态去爱护大自然，而不是以主人的身份去占有。四季交替中，我们感受到大自然不同的呵护与关爱。蓝天给人以自由遐想，大海给人以深沉雄浑，草原给人以宽广邈远，高山给人以坚毅勇敢，流水给人以柔情缠绵……这些美好的品格汇聚成人类的至美，我们没有理由不对大自然心存感激、肃然起敬。

　　对一切美好的事物心存感恩吧！心存感恩将使你的心和你所企盼的事物联系得更紧，心存感恩将使你获得力量，使你产生对生活的希望和信念，从而保证一生都被美好的事物包围。

二、如何学会感恩——谦虚、敬畏、回馈、珍重

感恩需要学吗？需要！而且还要修炼。

西方有过感恩节的传统。那一天，人们要吃火鸡、南瓜馅饼和红莓果酱；那一天，无论天南地北，再远的孩子也要赶回家。

我心中总有一个遗憾，我们国家的节日很多，唯独缺少一个感恩节。我们可以东施效颦地吃火鸡、南瓜馅饼和红莓果酱，我们也可以千里万里地赶回家，但那一切并不是为了感恩，团聚的热闹总是多于感恩。

没有阳光，就没有温暖；没有雨露，就没有五谷丰登；没有水源，就没有生命；没有父母，就没有我们；没有亲情、友情和爱情，世界就是一片孤独和黑暗。这些都是浅显的道理，没有人不懂，但是，我们常常缺少一颗感恩的心。

"谁言寸草心，报得三春晖""谁知盘中餐，粒粒皆辛苦"……这些我们小时候背诵过的诗句，讲的就是要感恩。滴水之恩，涌泉相报；衔环结草，以报恩德……这些绵延多少年的古老成语，告诉我们的也是要感恩的道理。但是，这样的古训并没有渗进我们的血液。有时候，我们常常忘记，无论对生活还是对生命，都需要感恩。

感恩的敌人是忘恩负义。真正忘恩负义的人是少数，但是，大多数的人常常对别人给予自己的帮助和情谊、恩惠和德泽，都以为是理所当然的，于是很容易忽略或忘记，有意无意地就站在了感恩的对立面。难道不是吗？父母给予我们的爱，常常是细小琐碎却无微不至的，但我们常常觉得就应该是这样，而且还觉得他们人老话多，会嫌烦呢！

懂得感恩的人，往往是有谦虚之德的人，是有敬畏之心的人。对待比自己弱小的人，知道躬身弯腰，便属于前者；感受上苍，知道要抬头仰视，便属于后者。因此，对于哪怕是比自己再弱小的人给予自己的一点一滴的帮助，我们也不应该轻视、不能忘记。跪拜在教堂里的那些人，是怀着感恩之情的，纵使我并不相信上帝的存在，却总是被那种神情所感动。

而恨多于爱的人，一般容易缺乏感恩之情。心里被怨恨塞满的人，

便像是被雨水淹没的田园，很难再去吸收新的水分，很难再长出感恩的禾苗。

不懂得忏悔的人，也容易缺乏感恩之情。这样的人，往往唯我独尊，他认为一切都是自己对，他从来都没有错。对于别人给予他的帮助，特别是指出他的错误、弥补他的过失的帮助，他怎么会在意呢？他不仅不会在意，甚至可能觉得这样的帮助是多余的，是让他下不来台的。这样的人，心如板结的水泥地板，水是打不湿的，难以再松软得能够钻出惊蛰的小虫，鸣叫出哪怕再微弱的感恩之声来。

财富过多并钻进钱眼里出不来和权力过重并沉溺于权力中出不来的人，更容易缺乏感恩之情。因为这样的人会觉得自己是施恩于别人的人，别人怎么会对他们有恩且需要回报呢？这样的人，大腹便便，习惯于昂着头走路，已经很难再弯下腰、蹲下身来，更难于鞠躬或磕头感恩他人了。

虽说大恩不言谢，但是，感恩一定不要仅发于心而止于口。对你需要感谢的人，一定要把感恩之意说出来，把感恩之情表达出来。对不管什么人给予自己的哪怕是再微不足道的帮助和关怀，也不要忘记感恩。而我们感恩的那一瞬间，世界会变得温馨而美好！

三、感恩缺失症——不仅是失礼，更是对施恩者的亵渎

当孩子向我们施礼的时候，千万别以为那是理所当然的，我们应该以感谢回馈。那是对孩子施恩之心的呵护。

每天早上，校门两边都站着四名值日生。每当有老师到校时，四名值日生便齐呼"老师早"。按规定，只有表现优秀的学生才能担当值日生，所以，当选的学生都倍感自豪。

我儿子被选上值日生的这天，穿戴得整整齐齐，连小皮鞋都擦得锃亮。送儿子到校后，看着他精神抖擞、昂首挺胸地站在校门旁，朝阳照在他的脸上，我也情不自禁地为他感到自豪。

可万万没想到的是，中午一回到家，儿子就大哭起来。原来班主任取消了他的值日生资格，因为他不愿意和别的值日生一起喊"老师早"。

"刚开始我对每个老师都喊了'老师早',可没一个老师搭理我,他们就像没听到一样。我想,连老师都这么没礼貌,我为什么要向他们问好?"儿子哭着说。

我无言。

有时,我们的命运就掌握在为我们服务的陌生人手里。为我们服务的人越多,说明掌握我们命运的人越多,我们应该感谢的人越多。

查里斯·普拉姆毕业于美国海军军官学校,曾是越南战争中的一名喷气式飞机飞行员。在执行了75次战斗任务之后,普拉姆的飞机被一枚地对空导弹击毁。他跳出机舱时,不小心落到敌人手中,之后,他被俘虏并监禁于一所越南监狱长达6年之久。他在这次磨难中存活下来,常常向人们讲述他在那次经历中得到的教训。

一天,普拉姆夫妇正在一间餐厅里面用餐,旁边桌子的一个男人走上来说:"你是普拉姆吧!越南战争时,你曾驾驶喷气式飞机从'小鹰'号航空母舰上起飞,后来被击落了。"

"你怎么知道得这么清楚?"普拉姆惊奇地问。

"是我替你扎的降落伞。"那个人回答道。

普拉姆惊讶得说不出话来,连忙表示感谢。

那个人使劲地和他握手,说:"我想那个降落伞起了作用了。"

"它当然起了作用,"普拉姆向他保证说,"如果当初你的降落伞扎得不好,我今天就不能站在这里说话了。"

那天晚上,普拉姆一直想着白天的那个人,辗转反侧不能入睡。他想着那个水手花很多时间在船舱的长木桌上折叠降落伞——细心地编好那些吊伞索,并折好每个降落伞的伞面,每一次折叠,都在无形当中掌握着某些素不相识的人的命运。

后来,他在演讲中说:"我一直在想象着他穿海军制服时是什么样的:一顶白色的帽子,背后的海军领,还有喇叭裤。我在想,也许我可能看到他很多次,但是连一声'早上好'或者'你好'都没对他说过。因为,正如你们所知道的,我是个战斗机飞行员,而他只是个水手。"

如今,普拉姆会问他的听众们:"谁在替你们折叠降落伞?"

普拉姆还说，当他的飞机在敌人的领空被击落的时候，他需要许多种降落伞——生理上的降落伞、心理上的降落伞、情感上的降落伞和精神上的降落伞。在他安全着陆之前，他需要所有这些支持。

有时候，在面对日常生活中的一些困难时，我们会忽略那些真正重要的东西。我们可能会忘记说"你好""请"或"谢谢"，忘记在别人遇到好事的时候祝贺他们，忘记赞美别人或者不为任何目的地做一些善事。然而，当你顺利度过每一周、每一月、每一年时，请记住那些为你扎好降落伞的人们吧！

四、感恩的境界——感激万物

生命本身就已经是个奇迹。如果不懂得对生命感恩，那真是白来了世间一遭。

人类贵为万物之灵，如果不懂得对生命感恩，充满了对现实不满的暴戾之气，也许是完全忘了自己只是一个过客。其实，人只能在这个古老的星球上，占据极其微小的一点空间，享用一点资源罢了。

所以，我们在地球上的心态应该像个好客人——感激、敬爱你的东家。走时，也要挥挥衣袖，不带走一片云彩。

当要感谢的人和事超出了想象，我们往往会感谢苍天、感谢上帝。当你赚了点钱，做了一些研究，写了几篇文章，真正做了点事以后，才有了一种新的觉悟，即无论什么事，得之于人者太多，出之于己者太少。无论做任何事，都需要先人的遗爱与遗产，需要众人的支持与合作，需要等候机会的到来，所有这些都缺一不可。越是真正做了一些事，越是感觉到自己的渺小。

我们要善于向世界万物说"谢谢"。著名作家张晓风的散文《谢谢》就是对感恩、感谢的最好阐释。

让我再重复那两个神奇的叠音："谢谢。"我深爱这两个字，这是人类共有的最美丽的语言。

凡不肯说"谢谢"的人，是一个骄傲冷漠的人，他觉得在这个世界过的是"银货两讫"的日子。他是工商业社会的产物，他觉得他不欠谁，不求谁，他所拥有的东西都是他该得的，所以他不需要向谁说"谢谢"。

但我知道，我并不"该"得什么，我曾赤手空拳来到这个世界，没有人"该"爱我，没有人"该"养我，没有人"该"为我废寝忘食。我也许缴了学费，但老师那份关怀器重是我买得到的吗？我也许付了米钱，但农民的辛劳岂是我那一点儿钱报答得了的？

曾有一个得道的人说："日日是好日！"用现代语言表达，我要说："每一天都是感恩节。"

不是在生命退潮的黄昏，而是现在，我要学习说"谢谢"。在日风渐薄的今天，我们越来越少发现涌自内心的谢意，不管是对人的，还是对天的。

其实，值得感谢的岂止是天、地、日、月、星辰？天地三光之上的主宰岂不更该感谢？

在这个茫茫大荒的宇宙中，我们究竟付出了什么而这样理直气壮地坐享一切呢？我们曾购买过"生之入场券"吗？我们曾预定过阳光、函购过月色吗？对于我们每一秒钟都在享用的空气，我们自始至终曾纳过税吗？我们曾喝过多少水？那是出于谁的布施？

然而我们不肯说"谢谢"。

如果花香要付钱，如果无边的年年换新的草原和地毯等价，如果喜马拉雅山和假山一样计石块算钱的话，希腊船王奥纳西斯的遗产够付吗？如果以金钱来计，一个人要献上多少钱，才有资格去观赏令人感动泣下的一个新生婴儿发亮的眼睛和挥舞的小手呢？

然而我们不肯说"谢谢"。

古老的故事里记载："汉武帝以铜人作承露盘，高二十丈，大十围。上有仙人掌，承露和玉屑，饮之以求仙。"

其实，汉武帝的手法是太麻烦了，承受天露是不必铸造那样高耸入云的承露盘的，如果上帝给任何卑微的小草均沾上露水，他难道会吝惜把百倍丰富的天恩给我们吗？

要求仙，何须制造"露水如玉屑"的特殊饮料呢？

只要我们能像一个单纯的孩童，欣然地为朝霞大声喝彩，为树梢的风向而凝目深思,为人跟人之间的忠诚、友谊而心存感动,为人如果能存着满心美好的激越,岂不比成"仙"更好?那些玉屑调露水的配方并没有使一个雄图大略的汉武帝取得应有的平静祥和,相反的,在他老年时一场疑心生暗鬼的蛊惑里,牵连了上万人的性命。

他永远不曾知道一颗知恩感激的心才是真正的承露盘,才能承受最清冽的甘露。

中国人的谦逊,总喜欢说"谬赏""错爱",英文里却喜欢说"相信我,我不会使你失望的"。

作为一个中国人,我更能接受的是前一种态度,当有人赞美我或欣赏我时,我心里会暗暗惭愧,我会想:"不!不!我不像你说的那么好,你喜欢我的作品,只能解释为一种缘分,一种错爱。古今中外,可欣赏可膜拜的作品有多少,而你独钟于我,这就使我感激万端。"

我的心在感激时降得更卑微、更低,像一片深陷的湖泊,我因而承受了更多的雨露。

到底是由大地来感谢一粒种子呢?还是种子应该感谢大地呢?

都应该。感谢会使大地更温柔地感到种子的每一下脉动,感谢也会使种子更切肤地接触到大地的体温。"谢谢"使人在漠漠的天地间忽然感到一种"知遇之恩"。"谢谢"使我们忘却怨尤,豁然开朗。

让我们从心底说一声:"谢谢!"——对我们曾身受其惠的人,对我们曾身受其惠的天。

第一章 黄金规则:己所不欲,勿施于人

第七节 勇担责任

心灵礼仪导航

当一个人感到尴尬时,真想找个地缝钻进去。遇到别人尴尬时,你若无动于衷,那已是冷漠无礼;你若幸灾乐祸,那更是无爱无德。有一种高贵无须证明,那就是勇于承担责任,避免让对方感到尴尬。当然,巧解尴尬,不仅需要礼爱之心,还需要有智有勇。达到这种礼仪境界的人,无异于铁臂担道义的侠士。

一、为什么要勇担责任——这是灵魂的高贵之处

一天,一个梳着长辫子的时髦姑娘刚挤上公共汽车,就觉得自己的辫子被后边的人拽住了。她使劲拉了拉,却拉不动,她十分生气,于是猛地转身,给了后边那人一记耳光。那居然是个穿着军装的小战士!但小战士没吭声,只是红着脸笑笑,于是长辫子的姑娘更生气了,骂了句"流氓",扬手又给了小战士一个耳光。小战士仍然没生气,只是红着脸指了指车门——原来,姑娘的长辫子是被车门夹住了。姑娘的脸突然红了,可一时语塞,偏偏一句话也说不出来。小战士只是看了看她,微微地点点头,表示谅解。而且,仿佛是为了不让姑娘难堪,车刚在下一站停下来,小战士就小心翼翼地挤下车走了。看着小战士离去的身影,姑娘的眼泪不由自主地流了下来……

我不知道此后这位高傲的姑娘会发生什么变化,但可以肯定,即使

走到天涯海角,她也不会忘记刚才这一幕!

纪伯伦有句名言:"需要证明的真理只是半个真理!"

是的,有一种灵魂的高贵是不声不响的!也正因为如此,它才显得格外惊心动魄。

当别人误解你时,要勇于说声"对不起",这种勇气往往能创造奇迹。

一个午后,在法国巴黎香榭丽舍大街,有几个人在等一辆迟迟没有出现的公共汽车。这几个人当中,有一位年轻漂亮的小姐,在她的身后站着几个神色各异的男人、女人。突然,漂亮小姐感到有人从背后摸了她一把。她怒不可遏,转过身,朝着身后的男人就是一巴掌。被打的男人也很年轻,这一巴掌扇过来的时候,他没来得及躲开。当第二巴掌打过来时,他本能地伸出手臂挡了一下,结果,小姐手腕上的金手镯被震断了,落到了人行道上。被打的那个男人弯腰拾起手镯,把它递到小姐的面前。小姐愣了一下,这一瞬间,她突然明白了,那个从背后骚扰她的男人并不是他。大约五秒钟过后,小姐迟疑地伸出手,男人轻轻地把手镯放在她的手心里,然后说:"您的手镯……对不起,我不是故意的。"

就是这么一句话,让他们身旁的空气都震动了。两个人站在那里,凝视着对方的眼睛。后来,公共汽车开过来了,两个人却都没有上车。再后来,他们成了夫妻。50年以后,男人的腰已经直不起来了,他的脸和手臂粗糙得像老树皮;当年年轻漂亮的小姐也变成了一个瘦小干瘪的老太太,并且早已患上了严重的风湿性关节炎,她原本清澈明亮的眼睛也变得浑浊了。可是他们依然很相爱。很多个阳光明媚的上午或者下午,佝偻的老男人会用轮椅推着瘦小的老太太,慢慢地走上香榭丽舍大街。

一句话真的可以创造奇迹。有时候,人们会觉得面前有一堵墙,可是在一句话面前,这堵墙也许顷刻间就会坍塌。有时候,人们会觉得整个世界都抛弃了他,可是在一句话面前,前方抑或是身后就会突然闪现出一片灯光。

还有一个更极端的例子。据说,18世纪法国革命时,起义军将路易十六和皇后玛丽一起判处死刑。玛丽是一位刚强且有主见的女性,但作

第一章 黄金规则:己所不欲,勿施于人

为皇后,她的刚愎自用和在生活中的不检点曾招致法国人民的强烈不满。在赴刑场的途中,她的步子轻快平稳,脸上也显现出以前所不曾有过的平静。快要到达刑场时,她不小心踩了执刑者的脚,这位昔日的皇后对执刑者说道:"对不起,我不是故意的。"这句从容的道歉语,被人理解为她对自己生前不检点的忏悔。因为这句话,皇后玛丽一举改变了她生前的形象。后来,几乎所有的法国人都原谅了她。

二、勇担责任的作用——保护他人的自尊

为了保护别人的自尊,便勇于承担责任,哪怕把"糊涂虫"的恶名留给自己也不后悔,可谓侠士也。

上小学的时候,从一年级到五年级,他从未当过"三好学生",也从未想过当"三好学生",尽管他成绩不错,表现也很好。

村子很偏僻,村子的东北方向有一个军营,军人子女就成了学校里的一个特殊群体。他们穿戴干净,长得也漂亮,不像农家子弟——即使大冬天也敞着怀,鼻子下常常挂着鼻涕;他们还能给老师捎一些在村里买不到的东西,自然就比农家子弟"得宠"。他出生于本村一个贫困的家庭,自然难以引起老师的注意,所以一直很自卑。

五年级临放寒假时,学校照例在小操场上召开表彰会,"三好学生"上台领奖往往是表彰会的高潮。此时校长在上面讲话,学生在下面说话,老师在后面吸烟,整个操场乱哄哄的什么也听不见,他坐在下面低着头想自己的心事。

"要发奖了!"有人喊了一声,同学们立刻安静下来,目光都聚焦到主席台上。"三好学生"大都是军人子女,他们不像农家子弟那样红着脸到主席台上拿(甚至可以说是"夺")了奖状就跑,而是大大方方,到主席台上先向校长敬少先队队礼,然后双手接过奖状,再昂首挺胸地走回来。

他很羡慕他们。当然仅仅是羡慕,他觉得"三好学生"不是他这种人当的。直到旁边的同学叫他:"快!校长喊你到台上领奖,你是'三好学生'啦!"他简直不知道该怎么办才好,激动得不知所措。

"快去呀！"旁边的几个同学叫道。

为了替农家子弟争回些面子，领奖的时候，他走得郑重其事。到主席台上，他也像军人子女那样向校长敬了一个标准的少先队队礼。

"你来干什么？"校长却一脸诧异。

"我来……领奖呀。"他不明白，为什么校长对别的"三好学生"笑容可掬，唯独对他冷冰冰的。他觉得有些委屈。

"领什么奖？"校长一下子暴怒起来，"简直是胡闹！"

"不是你喊我来领奖的吗？"他惊讶地问道。

"我叫你来领奖？"校长把"三好学生"名单往他面前一递，"你看看，上面连你的名字都没有，我会叫你来领奖？"

他听到身后传来了同学们的笑声，尤其是叫他领奖的那个同学的笑声最大，还一边笑一边大声嚷嚷："哎，他信了！他信了！"

这时他才知道自己被人捉弄了。当着这么多人的面，他无地自容，转身就跑。

这时，他的班主任，一个不苟言笑、做事认真得近乎古板的人走过来拦住他："别走，这次'三好学生'有你呀。"

全场一下子安静了下来。

班主任走到校长面前，说："这次'三好学生'有他。怎么能没有呢？我明明记得有嘛。"

校长生气地把名单递给他。他仔细地看了两遍，一拍脑门："哎呀，你看我，我写名单的时候把他漏掉了，都怪我。"

校长把脸一沉："胡闹！亏你平时那么认真，也能出这种错！现在怎么收场？"

此时，全场都静得出奇。

班主任把上衣口袋里的钢笔拿下来递到他手上："没有奖状和红花了，这个奖给你吧。"班主任平时常穿一件蓝色中山装，上衣口袋里别着一支钢笔，钢笔的挂钩露在外面，在阳光下白灿灿的，常引得学生羡慕不已。要知道那个时候，对一个农村孩子来说，钢笔还是奢侈品啊。

那个寒假，他过得既充实又兴奋。他拥有了第一支钢笔，最主要的是，这支笔代表着一种荣誉。他的自卑感一下子消失了，从此和"三好学生"结下了不解之缘，直到高中毕业，进入大学。

他当时对班主任虽有感激，但更多的是埋怨，埋怨他因一时的疏忽让自己在众人面前出了丑。要是领奖那天没有那令人难堪的一幕该有多好！他常这样想，并遗憾万分。从此以后，无论在校内还是校外，他见了班主任总觉得不自在，总是尽量躲着走。班主任一笑置之，待他如故。

二十年后，他已是某中学的一位班主任。

一天，他向妻子谈起了往事，提到他当年的班主任，那个平时不苟言笑、做事认真得近乎古板的人。

"你说，他那么认真的一个人，怎么能把我漏掉呢？"他感慨道。

妻子笑吟吟地反问道："他那么认真的一个人，怎么能单单把你漏掉呢？亏你现在还是班主任。"

他半晌无语。夜半，他披衣而起，两眼含泪，默默拿起信笺……

三、如何培养责任心——中法两国比较

遇到不愉快的事情，能坦然地说："对不起，我不是故意的，但我该负责任。"这是法国人培养孩子责任心的自我检讨法。

下面是发生在法国一个家庭里的故事。吃饭时，8岁的孩子用一小块面包逗小狗玩，狗跳起来一下撞翻了他手中的盘子，盘子碎成了好几块。男孩对父母说："你们看见了，是小狗打碎了盘子，不是我的错。"母亲说："盘子确实是小狗撞翻的，可是你有没有错？"男孩大叫："是小狗的错，不是我的错。"父亲叫男孩离开餐桌到他自己的房间里去，要他好好想想自己究竟有没有错。十几分钟后，男孩走出房间说："小狗有错，我也有错，我不该在吃饭时逗狗，这是你们多次对我说过的。"父亲笑了："那么今天你就该为自己的错承担责任——收拾餐桌，并拿出零用钱赔这只盘子。"男孩同意了。

在法国，很少听到学生因考试迟到而抱怨天气差或抱怨堵车。法国人认为，碰上了不愉快的事再去强调客观事实已经于事无补，而这时应该扪心自问有没有错或怎样避免下次再犯同样的错误。看来，这个民族

长期奉行的自我检讨的习惯，真不失为一种润滑剂，它最大限度地减少了人际交往中的摩擦。

只有当孩子知道检视自己的错误，且勇于承担责任时，孩子才是真的长大了。这是中国家庭培养孩子责任心的责任教育法。

有一次，我路过乡间一座三合院，看见一个孩子正在放声痛哭，妈妈心疼地在旁边安慰。

妈妈一手慈爱地搂着孩子，一手用力地拍打地，对孩子说："哎呀！都是地不平，害我的乖孩子摔倒了，妈妈帮你打它。"妈妈拍地的动作非常滑稽、夸张，使那哭闹不停的孩子忍不住破涕为笑了。

我站在一旁看着这一幕，感到十分温馨，想到从前我的母亲也曾如此安慰过我。

不只是我的母亲，从前乡间的父母几乎都是这样安慰孩子的。

孩子跑的时候被树枝绊倒了，父母就把树枝折断，说："坏树枝！怎么可以绊倒我的好孩子？"

孩子走路不小心跌倒了，父母就打骂土地，说："歹土地，怎么可以害我的乖孩子跌倒？"

甚至在孩子完全没有原因跌倒，父母找不到什么东西可以责备时，就骂风，说："都是风吹得太凶，才让我的心肝跌倒。"

小的时候，我们对此都会信以为真，以为跌倒是因为风、土地或树枝的缘故，我们也会像父母一样找借口来安慰自己，很少想到是因为自己走路不小心。

记得有一次，我在院里跑步，不小心摔了一跤，跌得头破血流。妈妈从厨房跑出来，左看右看，找不到可以打骂的东西，因为院里的土地非常平整，既没有树枝，也没有小石子。

妈妈愣了好长一段时间，我已经站起来了，她还愣在那里，手里拿着一支锅铲，样子有点滑稽。

妈妈看我望着她，以为我要放声哭出来了，便突然大声地骂风："都是这可恶的风，吹得我的孩子跌倒！"

我抚着自己头上的伤口，对妈妈说："妈，不是因为风，是我自己不小心跌倒的。"

那时，庭前确实只有灿烂的阳光，一丝风也没有。

妈妈这时笑得像阳光一样灿烂，过来边检视我的伤口，边欣慰地说："你长大了！"

妈妈的意思是，我长大了，可以承认自己的错误与失败，可以承担责任了。

也许当我们发现，不论任何形式的跌倒，都是由于自己的不小心造成的，而不是去找借口、推卸责任，这时我们就长大了。

我们在情感的路上跌倒的时候，路途不平、荆棘横路、风狂雨暴都不应该成为跌倒的借口。我们最应该检视的是自己的心，我们应该勇于承担错误、失败和责任。

孩子跌倒顶多是皮肉伤，姻缘的挫败也顶多是锥心刺骨，并不会伤害到情感的本质。因此，一个人不应该因为在爱中受了伤，就失去爱的勇气；一个人也不应该因为爱的痛苦，就失去承担责任的心。

在风中跌倒，在爱中流泪，都是人生不可避免的旅程。如果我们在每一段旅程中，都能拥有更广大的胸怀，都能不失去真爱的勇气和美好的追求，一切的挫折不也都会具有深刻的意义吗？

第八节　无礼不幸

心灵礼仪导航

在我国，20世纪以来不断强调自我开发、自我解放与自我扩大。结果，到了21世纪不仅"优雅社会"消失了，就连"优雅社会"的概念也不见了。甚至，有些人为了自己所谓的"尊严""道德"而不顾别人的死活。这是无礼无爱也无德的表现，实属人类的不幸。

善待别人吧！你也许会觉得有些人并不值得你如此和善地对待，但是善待别人是你最好的选择，因为习惯和修养是人的第二身份，它决定着你的幸福，也决定着人类的幸福。

一、为什么说无礼不幸——无礼不成人

一个男孩患了绝症，医生告诉他，他的生命只有一百多天。男孩从听到医生这句话开始就放声大哭。他觉得他是世界上最不幸的男孩，别人都在享受生命，享受阳光，享受快乐，享受幸福，为什么偏偏是他，而不是其他人得这么可怕的疾病？为什么非要他死，别人却能好好地活着？

男孩想不通，终日啼哭。

在他生命的最后日子里，人们听到的都是他的抱怨：他抱怨爸爸妈妈为什么给了他生命却没有给他健康，他抱怨老师同学给予他的温暖和照顾太少，他抱怨朋友在他快要离开这个世界时却不多陪陪他……他抱怨所有人的自私、冷酷和无情无义。

除了抱怨，男孩还诅咒。

他诅咒这个世界，诅咒庭院里开放得太艳丽的花朵，诅咒他家门廊里响得太悦耳的风铃，诅咒飞到他窗前枝头上啁啾鸣叫的小鸟……因为在男孩眼里，所有的这些美好都是对他即将逝去的生命的嘲笑。他认为，他的生命快要结束了，整个世界都应该变得沮丧和灰暗。

妈妈让人拔掉了庭院里所有的花，摘下风铃扔进垃圾箱里。至于小鸟，没有了绿荫就不会唱歌，因此，窗前的那棵树，有一天也让人砍掉了……

但在一天早晨，男孩还是死了。

男孩死前呆呆地望着空空的庭院。

妈妈知道他不快乐，早在他生命结束之前，快乐就离开了他。他周围的人也不快乐。当男孩静静地躺在那里的时候，人们心里只有一声叹息：可怜的孩子！悲观、抱怨、阴郁、无礼的男孩是世界上最不幸的男孩。

二、无礼的形成——无礼的社会是人类的悲哀

中央电视台的《今日说法》节目曾播出了一个小案子，耐人寻味。

一个小学四年级的女生明子——节目主持人特别告诉我们："这是一个十分温顺乖巧的孩子。"——在去年中秋节那天，被班主任拉住红领巾猛拽了几下（因为她父亲在当天早上到学校投诉班主任乱收费），造成颈椎脱位，住院治疗十多天后才痊愈。

家长告到学校，学校敷衍推诿。家长又告到区教育局，总算受到了重视，区教育局派出了调查组，然而经"周密"调查后得出结论：没有发现老师行凶的证据。家长悲愤之下，求助于媒体，引起了几家新闻单位的关注，于是调查的调查，曝光的曝光。

形成舆论压力后，班主任以攻为守，以侵害名誉权将家长告上法庭。明子家长觉得简直岂有此理，提出反诉，要求班主任向明子赔礼道歉并

赔偿医药费及精神损失费。法院审理时采纳了媒体记者调查时取得的证据，判决班主任侵害事实成立，赔偿明子医药费1800元，精神损失费4000元。

事情进行到这里，应当说还是比较平淡的。震撼效应产生在眼看要风平浪静之时。明子伤愈返校后，被全体同学所孤立。班上同学还自发地组织了一个"跟踪团"来监视她的行动。这个"跟踪团"有组织、有分工，情报直接送达班主任处。更有甚者，一个小男生还用刀当面威胁、恐吓明子，收到满意的效果后，旋即给班主任写了一份"喜报"。这对明子的打击，远远大于先前所受的暴力侵害。

电视里这个女孩垂泪说："我再也不想上学了。"

在节目中，记者问与明子同班的二十几个孩子他们有没有看到老师拽明子的红领巾。面对镜头，这些孩子像统一训练过一样，齐声高喊：

"没——有——！"

由于我已经知道真相，看着那些"天真无邪"的小脸，心里难以抑制地涌出厌恶和悲哀。

这些孩子明知自己是在撒谎。他们不但撒谎，还懂得以积极的迫害行动取得老师的欢心。这只是一群不到10岁的孩子啊！他们已经懂得了利害关系，已经明白得罪同学与得罪老师，哪样对自己更有害。他们甚至非常"成熟"地知道如何把握这个来之不易的向老师表功邀宠的机会。他们唯一不关心的，是受害同学的感受和命运，因为，这与他们无关。

这些孩子，10年以后要进入大学，20年后会成为官员、学者、律师、法官，他们将掌握整个社会的命运，他们将不断面对舍己为人还是损人利己的选择，而童年的烙印会在其身上发挥多大的影响？

但责任在孩子吗？不！有没有一位家长，在知道了这件事情之后，对孩子说"你一定要说出真相，不要怕为此付出代价"？如果家长自己成为此事的当事人，他会挺身而出，为明子做证吗？假如我是其中一个家长，我会教自己的孩子为明子做证，从而得罪学校、老师和整个班集体吗？反思自己的一生，面对邪恶和谎言，难道没有做出过屈辱的选择？

伟大的孟子曾发出过"老吾老以及人之老，幼吾幼以及人之幼"的道德呼吁，那是何等的境界啊！但几千年来，中国人一直挣扎在求生存、求温饱的边缘，残酷的现实使他们认准了活下去才是硬道理、吃饱了才是硬道理、富起来才是硬道理。我们会把自己的家装潢得像宾馆，而把宾馆糟蹋得像猪圈；我们知道进家换鞋，而誓死不去打扫楼道；我们知道痰盂放在家里不卫生，而创造出"开窗吐痰法"；我们从不担心丢弃的废电池会污染土壤、水源，因为我们早就懂得了喝纯净水；我们知道在公司的班车上要抢先给上司让座，而在公共汽车上就完全不理会任何人……这里包藏的精妙的关系和复杂的计算，是多么可怕啊！

所以，我们既不要责备那些孩子，也不要批评那些家长，因为，这其实就是我们自己的缩影。在这一事件中出场的人物不过是一面镜子，它照出的，是我们共同的丑恶灵魂。

三、如何避免无礼——修养好第二身份

如果说学位、职位代表了一个人的身份的话，那么习惯和修养就是人的第二身份，人们常会以此去判断一个人。下面是一位中国留学生在英国的亲身经历。

和在布里斯托尔的大多数留学生一样，我也借住在当地一户居民家中，这样既省钱，生活条件又好。

房东姓坎贝尔，是一对老年夫妇。坎贝尔夫妇待人热情大方，他们只是象征性地收我几英镑房租，硬把我从邻居家"抢"了过来。有位外国留学生住在家里，对他们来说是一件很自豪的事情。他们不仅很快让整个社区的人都知道了这件事，还打电话告诉了远在曼彻斯特和伦敦的儿女。

为了实现我出国留学的梦想，父母欠了十几万元的债。我自然非常珍惜这得来不易的学习机会，白天刻苦用功自不待言，晚上在图书馆一直待到闭馆时才离开也是常有的事。好在我遇到了好房东，可以一门心思学习，一点儿也不用为生活操心。每天我回到"家"里，可口的饭菜都在等着我，每隔四五天，坎贝尔太太就会逼着我换衣服，然后把我换下的脏衣服拿去洗净、熨好。可以说，他们就像对待亲儿子一样待我。

可是，没过多久，我就感觉坎贝尔先生对我的态度有些冷淡，看我的眼神有些异样。好几次吃饭的时候，坎贝尔先生都好像有什么话要对我说，但是看看太太，又把话咽了回去。我开始猜测，他们是不是嫌收我的房租太少，想加租又不好意思说？

那天晚上11点多我从学校回来，洗漱完毕刚想睡觉，坎贝尔先生蹑手蹑脚地走进我的房间。寒暄两句后，坎贝尔先生坐到椅子上，摆出一副谈话的架势，看来他终于要说出憋在心里的话了。我早有准备，只要在我的承受范围之内，他加租多少我都答应，毕竟这样的好房东不是到哪儿都能找到的。

"孩子，"坎贝尔先生开口道，"在你中国的家里，你半夜回家时，不管你的父母睡没睡，你都使劲关门，噼噼啪啪地走路和大声咳嗽吗？"

我愣住了：难道这就是憋在他心里的话？真的，长这么大还从没有人问过我类似的问题，我自己也根本没有注意过这些细节。

"我相信你是无心的，"坎贝尔先生微笑着说，"我太太有失眠症，你每次晚上回来都会吵醒她，而她一旦醒来就很难再睡着。因此，以后你晚上回来如果能够安静些，我将会非常高兴。"坎贝尔先生停顿了一下，接着说："其实我早就想提醒你，只是我太太怕伤害你的自尊心，一直不让我说。你是一个懂事的孩子，你不会把我善意的提醒视为伤害你的自尊吧？"

我很勉强地点点头。我并不是觉得坎贝尔先生说得不对，或者伤了我的自尊，而是觉得他有些斤斤计较。我和父母一起生活了二十几年，他们从没跟我计较过这种事。如果我也因此打扰过他们的话，他们肯定会容忍我的，充其量把他们的卧室门关紧而已。我心里感叹：到底不是自己家呀！

当然，尽管我心里有牢骚，但还是接受了坎贝尔先生的提醒，晚上回屋尽量轻手轻脚。然而，不久后的一天中午，我从学校回来刚在屋里坐定，坎贝尔先生就跟了进来。我注意到，他的脸阴沉着，这可是很少有的。

"孩子，也许你不高兴，但是我还要问，你小便的时候是不是不掀开马桶垫子?"他问。

我的心里"咯噔"一声。我承认，有时我尿憋得急，或者偷懒，小便时就没有掀开马桶垫子。

"偶尔……"我嗫嚅着。

"这怎么行?"坎贝尔先生大声说，"难道你不知道那样会把尿液溅到垫子上吗？这不仅仅是不卫生，还是对别人的不尊重，尤其是对女人不尊重!"

我辩解："我完全没有不尊重别人的意思，只是不注意……"

"我当然相信你是无心的，可是这不应当成为这样做的理由!"

看着坎贝尔先生涨红的脸，我嘟囔着："这么点小事，不至于让你这么生气吧？"

坎贝尔先生越发激动："替别人着想、顾及和尊重别人，这是一个人最起码的修养，而修养正是体现在小事上的。孩子，考取学位和谋得一个好职位固然重要，但与人相处时良好的习惯和修养同样重要。如果说学位、职位代表了一个人的身份的话，那么习惯和修养就是人的第二身份，人们同样会以此去判断一个人。"

我不耐烦地听着，并随手拿起一本书胡乱地翻起来。我觉得坎贝尔先生过于苛刻，这种事如果发生在我自己家里，那还算是事吗？

晚上我躺在床上考虑良久，决定离开坎贝尔家。既然他们对我有意见，那我就另找一户比较"宽容"的人家居住。

第二天我就向坎贝尔夫妇辞别，全然不顾他们的极力挽留。然而接下来的事情却令我始料不及。

我一连拜访了五六户人家，他们竟然都以同样的问话接待我："听说你小便时不掀开马桶垫子?"那口气、神情，让我意识到这在他们任何一个人看来都是一件不可思议的、十分严重的事情。可想而知，面对这样的问话，我只有满面羞惭地返身逃走。

至此，我才真正明白了坎贝尔先生说的"习惯和修养是人的第二身份"这句话。在人们眼里，我既是正在接受高等教育的中国留学生，也是一个浅陋的、缺乏修养的人。

我一点也不怨坎贝尔夫妇把我的"不良习性"到处传播,相反,在陷入了如此窘境之后,我对他们的怨气反而消失了,甚至还非常感激他们。如果没有他们,没有那段尴尬的经历,我不知道我是否还是那样令人生厌地"不拘小节"。

习惯和修养真是人的第二身份啊!

第一章 黄金规则:己所不欲,勿施于人

第九节　悦纳自己

心灵礼仪导航

我国的传统理念认为，要毫不利己，专门利人，好像悦纳自己就是一种自私的行为。我国传统文化甚至鼓励人们否定自己，这就造成很多人看不到自己的优点，进而产生自卑心理。殊不知，这不仅是对自己的不尊重，也可能极大地伤害他人。

悦纳自己、关爱自己是对这种传统理念的颠覆；肯定自己，使自己的优点和个性得到张扬，甚至取得成就，不仅是对自己的尊重，也能使别人受益。留一些余地给自己，就是留一角蓝天给别人。

一、为什么要悦纳自己——关爱自己也是关爱别人

我国偏重于谦虚的教育，使人们不敢肯定自己，不敢悦纳自己。其结果是，人们看不到自己的优点，导致自卑。

老师布置了一道家庭作业，让每位学生写一篇周记，说说自己的优点。一周后，全班55人只有10多人交了周记。老师发现，班上的学优生在写优点时大都只是寥寥几笔，而缺点和不足之处却洋洋洒洒。老师只好把周记重新发回，再次强调只写自己的优点。遗憾的是，交上的周记还是"不足"多于"优点"，甚至有三分之一的学生找不到自己的优点。

在课堂上，老师问同学们："你们觉得自己可爱吗？有这种感觉的，

请举手。"

同学们面面相觑，万分窘迫。在老师的反复询问中，有人说自己长得不好看，有人说自己的成绩不好，许多人干脆说"从没有人说过我可爱"……可是，这时有一个右脚有残疾的小女孩举起了手。同学们一阵窃窃私语，老师也感到有些意外。小女孩说："我妈妈说我是世界上最可爱的人，也是我家的宝贝。"

老师感慨不已。班上有那么多成绩优秀、身体健康的同学不能肯定自己，而一个残疾人却觉得自己很可爱。是自信使她觉得自己可爱，而这源头，是父母的信任和赞美，是父母的爱。孩子因为爱而幸福，因为幸福而觉得自己可爱。

卡内基很久以前就提出一个论点，那就是每个人的特质中大约有80%是长处或优点，而20%左右是缺点。当一个人只知道自己的缺点是什么，而不知发掘优点时，视网膜效应（当我们自己拥有一件东西或具备一种特征时，我们就会比平常人更能注意到别人是否跟我们一样拥有这件东西或具备这种特征，这就是视网膜效应）就会促使这个人发现他身边也有许多人拥有类似的缺点，进而使得他的人际关系恶化，生活也不快乐。

一个人要使自己人缘好、受人欢迎，就一定要养成欣赏自己与肯定自己的能力，因为在视网膜效应的运作下，一个看到自己优点的人，才有能力看到他人的可取之处。用积极的态度看待他人，往往是良好人际关系的必备条件。所以，从现在起，学习欣赏自己的优点和长处吧！

二、如何悦纳自己——我很重要

重要并不是伟人的同义词，它是心灵对生命的允诺。毕淑敏的散文《我很重要》就是对如何悦纳自己的最好阐释。

当我说出"我很重要"这句话的时候，颈项后面掠过一阵战栗。我知道这是把自己的额头裸露在弓箭之下了，心灵极容易被别人的批判洞伤。

许多年来，没有人敢在光天化日下表示自己"很重要"。我们从小受到的教育都是——"我不重要"。

作为一名普通士兵，与辉煌的胜利相比，我不重要。

作为一个单薄的个体，与浑厚的集体相比，我不重要。

作为一位奉献型的女性，与整个家庭相比，我不重要。

作为随处可见的人的一分子，与宝贵的物质相比，我们不重要。

我们——简明扼要地说，就是每一个单独的"我"——到底重要还是不重要？

我是由无数星辰日月草木山川的精华汇聚而成的。只要计算一下我们一生吃进去多少谷物，饮下了多少清水，才凝聚成一具美轮美奂的躯体，我们一定会为那数字的庞大而惊讶。平日里，我们尚要珍惜一粒米、一叶菜，难道可以对亿万粒菽粟亿万滴甘露濡养的万物之灵，掉以丝毫的轻心吗？

当我在博物馆里看到北京猿人窄小的额和前凸的吻时，我为人类原始时期的粗糙而黯然。他们精心打制出的石器，用今天的目光看来不过是极简单的玩具。如今很幼小的孩童，就能熟练地操纵语言，我们才意识到已经在进化之路上前进了多远。我们的头颅就是一部历史，无数祖先进步的痕迹储存于脑海深处。我们是一株亿万年苍老树干上最新萌发的绿叶，不单属于自身，更属于土地。人类的精神之火，是连绵不断的链条，作为精致的一环，我们否认了自身的重要，就是推卸了一种神圣的承诺。

回溯我们诞生的过程，两组生命基因的嵌合，更是充满了人所不能把握的偶然性。我们每一个个体，都是机遇的产物。

常常遥想，如果是另一个男人和另一个女人，就绝不会有今天的我……

即使是这一个男人和这一个女人，如果换了一个时辰相爱，也不会有此刻的我……

即使是这一个男人和这一个女人在这一个时辰，由于一片小小落叶或是清脆鸟啼的打搅，依然可能不会有如此的我……

一种令人怅然以至走入恐惧的想象，像雾霭一般不可避免地缓缓升起，模糊了我们的来路和去处，令人不得不断然打住思绪。

我们的生命，端坐于概率垒就的金字塔的顶端。面对大自然的鬼斧神工，我们还有权利和资格说我不重要吗？

对于我们的父母，我们永远是不可重复的孤本。无论他们有多少儿女，我们都是独特的一个。

假如我不存在了，他们就空留一份慈爱，在风中蛛丝般飘荡。

假如我生了病，他们的心就会皱缩成石块，无数次向上苍祈祷我的康复，甚至愿灾痛以十倍的烈度降临于他们自身，以换取我的平安。

我的每一滴成功，都如同经过放大镜，进入他们的瞳孔，摄入他们的心底。

假如我们先他们而去，他们的白发会从日出垂到日暮，他们的泪水会使太平洋为之涨潮。面对这无法承载的亲情，我们还敢说我不重要吗？

我们的记忆，同自己的伴侣紧密地缠绕在一处，像两种混淆于一碟的颜色，已无法分开。你原先是黄，我原先是蓝，我们共同的颜色是绿，绿得生机勃勃，绿得苍翠欲滴。失去了妻子的男人，胸口就缺少了生死攸关的肋骨，心房裸露着，随着每一阵轻风滴血。失去了丈夫的女人，就是齐斩斩折断的琴弦，每一根都在雨夜长久地自鸣……面对相濡以沫的同道，我们忍心说我不重要吗？

俯对我们的孩童，我们是至高至尊的唯一。我们是他们最初的宇宙，我们是深不可测的海洋。假如我们隐去，孩子就永失淳厚无双的血缘之爱，天倾东南，地陷西北，万劫不复。盘子破裂可以粘起，童年碎了，永不复原。伤口流血了，没有母亲的手为他包扎。面临抉择，没有父亲的智慧为他谋略……面对后代，我们有胆量说我不重要吗？

与朋友相处，多年的相知，使我们仅凭一个微蹙的眉尖、一次睫毛的抖动，就可以明了对方的心情，假如我不在了，就像计算机丢失了一份不曾复制的文件，他的记忆库里留下不可填补的黑洞。夜深人静时，手指在撤了几个电话键码后，骤然停住，那一串数字再也用不着默诵了。逢年过节时，她写下一沓沓的贺卡。轮到我的地址时，她闭上眼睛……许久之后，她将一张没有地址只有姓名的贺卡填好，在无人的风口将它

第一章 黄金规则：己所不欲，勿施于人

焚化。

相交多年的密友，就如同沙漠中的古陶，摔碎一件就少一件，再也找不到一模一样的成品。面对这般友情，我们还好意思说我不重要吗？

我很重要。

我对于我的工作我的事业，是不可或缺的主宰。我的独出心裁的创意，像鸽群一般在天空翱翔，只有我才捉得住它们的羽毛。我的设想像珍珠一般散落在海滩上，等待着我把它用金线串起。我的意志向前延伸，直到地平线消失的远方……没有人能替代我，就像我不能替代别人。我很重要。

我对自己小声说。我还不习惯嘹亮地宣布这一主张，我们在不重要中生活得太久了。我很重要。

我重复了一遍。声音放大了一点。我听到自己的心脏在这种呼唤中猛烈地跳动。我很重要。

我终于大声地对世界这样宣布。片刻之后，我听到山岳和江海传来回声。

是的，我很重要。我们每一个人都应该有勇气这样说。我们的地位可能很卑微，我们的身份可能很渺小，但这丝毫不意味着我们不重要。

重要并不是伟大的同义词，它是心灵对生命的允诺。

对于一株新生的树苗，每一片叶子都很重要，对于一个孕育中的胚胎，每一段染色体碎片都很重要。甚至驰骋寰宇的航天飞机，也可以因为一个油封橡皮圈的疏漏而凌空爆炸，你能说它不重要吗？

人们常常从成就事业的角度，断定我们是否重要。但我要说，只要我们在时刻努力着，为光明在奋斗着，我们就是无比重要地生活着。

让我们昂起头，对着我们这颗美丽的星球上无数的生灵，响亮地宣布——

我很重要！

三、悦纳自己的体验——理解自己

笨鸟可以慢飞，知道自己在哪里可以停止，这非常重要。

许久以前,我无意中读到一位自称为"笨"的美国人讲述自己成长的故事。多少年过去了,那篇文章早已不知去向,他所创造的奇迹却让我难以忘记,在此把它写下,希望与读者分享其中的感悟。

从小到大,比特做什么事都比别的孩子慢半拍,同学讥笑他笨,老师说他不努力,无论他怎么试图去做好、去改变自己,但是,他从来都做不对。直到比特上了九年级后,才被医生诊断出患有动作障碍症。高中毕业时,比特申请了十所最一般的学校,心想怎么也会有一所学校录取他。可直到最后,他连一份通知书也没有收到。后来,比特看了一份广告,上面写着:"只要交250美元,保证可以被一所大学录取。"他付了钱,一所大学真的给他寄来了录取通知书。看到这所大学的名字,比特即刻想起了几年前,一份报纸上写着有关这所大学的文章:"这是一所没有不及格的学校,只要学生的爸爸有钱,没有不被录取的。"但当时比特只有一个信念:"我要用未来去证实这种错误的说法。"在这所大学上了一年后,比特转到了另一所大学,大学毕业后,他进入了房地产行业。22岁时,他开了一家属于自己的房地产公司。从此,在美国的四个州,他建造了近一万座公寓,拥有九百家连锁店,资产数亿美元。后来,比特又进入银行业,做起了大总裁。

一位"笨"孩子,他是怎么走向成功的呢?下面三点就是比特自己讲述的。

第一,每个人都有自己最强的一项。有人会写,有人会算,对有些人难的,对另一些人简直容易得如小菜一碟。我想强调的是,一定要做最适合自己的事情,不要迎合别人的口味而去做一件不属于自我,但是又要付出一生代价的"难事"。

第二,我非常幸运自己有如此谅解我、对我容忍又耐心的父母。如果有一道考题,别人只花15分钟,而我必须用2个小时完成的时候,我的父母从来不会因此而打击我。对于我的父母来说,只要自己的儿子尽力了,就是他们的目的。

第三,我从不跟自己的同班同学竞争。如果我的同学又高又大,跑得很快,而我又矮又小,为什么一定要跟他们比呢?知道自己在哪里可

第一章 黄金规则:己所不欲,勿施于人

以停止，这非常重要。我也曾经问过自己千百次，为什么别人可以学习得轻松？为什么我永远回答不了问题？为什么我总是不及格？当知道自己的病症以后，我得到了专业人士的关爱和解释。理解自己和理解周围，非常重要。

  从这个故事里我们知道，要悦纳自己，就必须理解自己，用积极的思维去创造自己的人生。

第十节 愉快受纳

心灵礼仪导航

> 送礼本是一种礼节,现在已有人把它当成一门艺术了。然而,受礼也是一种礼仪,却很少有人过问。接受别人的善意是一种能力,也是一种风度。有些国家的人从小就被教导接受的礼节,不管喜不喜欢这个礼物,都得甜蜜地道谢,因为要谢的是礼物背后的心意,而不是礼物本身,更不是礼物的价值。优雅地接受别人的美意、诚挚的道谢,在这人情淡薄的社会中是很重要的。不要刻意算计礼物的价值,不要怕欠别人的人情,更不要嫌弃礼物寒酸,洒脱点,愉快地受纳,真诚地道谢。

一、为什么要愉快受纳——领受也是慷慨

别人如果真诚地送你礼物,你就应该真诚地收下。不要嫌弃,不要怕收下后欠别人的人情,更不能怕因为礼物不适用而白欠别人的人情。

一天,一位记者去朋友家玩,认识了一名来自西藏的小姑娘,名叫格央。

格央皮肤很白,似乎完全没有紫外线照射的痕迹,高高的额头,长长的辫子。格央会讲汉语,但是她很少说话,安静又腼腆,然而又有一种极晶莹透明的东西在她眉宇间闪耀。

记者一下子被她吸引了,不停地向她问这问那,她只是简短地回答

着，常常沉默地微笑。

到了后来，话题山穷水尽，可是记者又不甘心就此罢休，便开始夸格央的服饰。在反复的赞美声中，格央脸红地坐了许久，然后一声不响地钻进了里间。过了一会儿，她又换了身衣服走出来。

"这一身也很美。"记者以为格央是穿给自己看的，便情不自禁地说道。

"我就带了这两身衣服来，"格央说着把她刚换下来的那身衣服递给记者，"所以，我只能送你一套。"

"我……并不是这个意思……"许久，记者才嗫嚅地说。

"可是，你不是喜欢吗？"

"是的。"

"你不想要吗？"

"想要……可是……"记者很艰难地解释着，小心翼翼地找着借口，以免伤害她，"可是我的身材穿不上。"

"只有能穿的衣服你才肯要吗？"

在那雪一样的目光里，记者无话可说，心想："我是多么的虚伪，明明喜欢却不好意思要——因为怕欠她的人情。我又是多么的市侩，只有能穿的衣服才想收下——因为怕白欠她的人情。"

记者把那套衣服接了下来。

"谢谢你。"格央率先说。

"为什么？"记者问，"无论如何，该致谢的应该是我。"

"你真心收下了我的礼物，我就会安心收下你的赞美。"她说。

又一次陷入了沉默。记者心想："和不染纤尘的格央相比，我的赞美太庸俗，也太浅薄了。"

至今，记者仍然珍藏着那套不能穿的藏服。每当看到这身衣服，记者就会想起那阳光灿烂的高原，格央就来自那个地方。也许，正因为来自那个地方，她才会有那样一颗洁净的不受一丝污染的心。那是高原的心，也是心的高原。

接受别人的善意是一种能力，也是一种风度。

外国人习惯赞美和道谢,不管多小的礼物都要写感谢卡,不管多小的服务都要道谢——总统对门房说谢谢,顾客对侍应生说谢谢,老师对学生说谢谢,丈夫对妻子说谢谢,这种口头的赞美冲淡了工作的压力,美化了人生。

优雅地接受别人的美意、诚挚地道谢是很重要的。受纳后的一个微笑、一声道谢对你来说不算什么,却可以温暖一颗疲惫的心,何乐而不为呢?

二、如何愉快受纳——赞美赏悦

赏识如同知音。对别人的美意能愉快地接受并赏悦,也是一种回赠。以下是张晓风在香港教书时的一段经历。

有一年,在香港教书。

港人非常尊师,开学第一周校长在自己家里请了一桌席,有十位教授赴宴,我也在内。这种席,每周一次,务必使校长在学期中能和每一位教员谈谈。我因为是客,所以列在首批客人名单里。

这种好事因为在台湾从未发生过,我十分高兴地去赴宴。原来菜都是校长家的厨子自己做的,清爽利落,很有家常菜风味。也许由于厨师是汕头人,他在诸色调味料中加了一碟辣酱,校长夫人特别声明是厨师亲自调制的。那辣酱对我而言稍微嫌甜,但我还是取用了一些。因为一般而言广东人怕辣,这碟辣酱我若不捧场,全桌粤籍人士没有谁会理它。广东人很奇怪,他们一方面非常知味,一方面却又完全不懂"辣"是什么。我有次看到一则比萨饼的广告,说"热辣辣的",便想拉朋友一试,朋友笑说:"你错了,热辣辣跟辣没有什么关系,意思是指很热很烫。"我有点生气,广东话怎么可以把辣当作热的副词?仿佛辣本身不存在似的。

我想这厨师既然特意调制了这独家辣酱,没有人下箸总是很伤感的事。汕头人是很以他们的辣酱自豪的。

那天晚上吃得很愉快也聊得很尽兴,临别的时候主人送客到门口,校长夫人忽然塞给我一个小包,她说:"这是一瓶辣酱,厨师说特别送给你的。我们吃饭的时候他在旁边巡巡看看，发现只有你一个人欣赏他的辣酱，他说他反正做了很多，这瓶让你拿回去吃。"

我其实并不十分喜欢那偏甜的辣酱，吃它原是基于一点善意，不料竟回收了更大的善意。我千恩万谢受了那瓶辣酱——这一次，我倒真的爱上这瓶辣酱了，为了厨师的那份情。

大约世间之人多是寂寞的吧？未被击节赞美的文章，未蒙赏识的赤忱，未受注视的美貌，无人为之垂泪的剧情，徒然地弹了又弹却不曾被一语道破的高山流水之音，或者，无人肯试的一碟食物……而我只是好意一举箸，竟蒙对方厚赠，想来，生命之宴也是如此吧！我对生命中的涓滴每有一分赏悦，上帝总立即赐下万道流泉；我每为一个音符凝神，他总倾下整匹的音乐如素锦。

生命的厚礼，原来只赏赐给那些肯于一尝的人。

有位花匠，他家院子里的一株葡萄藤结了不少葡萄。花匠很高兴，便摘了一些送给了一个商人，商人一边吃一边说："好吃，好吃！多少钱一斤？"花匠说不要钱，但商人不愿意，坚持把钱付给了他。花匠又把葡萄送给了一个干部，干部接过葡萄后沉吟了良久，问："你有什么事要我帮忙吗？"花匠再三表示没有什么事，只是想让他尝尝而已。花匠又把葡萄送给了一位少妇，她有点意外，而她的丈夫则在一旁一脸的警惕，看样子，他极不欢迎花匠的到来。花匠又把葡萄送给了一个过路的老人，老人吃了一颗后，摸了摸白胡子，说了声"不错"，就头也不回地走了。那花匠很高兴，他终于找到了一个真正能和他一起分享快乐心情的人。

不是所有送你礼物的人都别有用心，因此要学会高兴地与别人共享快乐。这也是一种成人之美。

三、愉快受纳的技巧——享受心安理得

当你能做到随时随地为别人着想，那么就请你自然而然地享受心安理得吧！

在法国东南部一个小镇上，住着一对年逾八旬的老夫妇，他们家的花园里四季鲜花盛开，美不胜收。每天清晨，老先生都会将一只塑料桶

放在花园门口，里面插满了刚剪下来的鲜花，街坊邻里甚至是过路人，都可以从塑料桶里拿取，只要向老夫妇说声"谢谢"就行了，不需要付钱。有一回我走过他们家门前，被美丽的花迷住了，忍不住称赞了几句，老先生便将一大捧鲜花送到我手上。我想付钱，却被他阻止："您已经付出了赞美，现在就请享受鲜花的美丽吧。"后来我才知道，这对老夫妇是小镇上最受人欢迎的人，每天都会有人向他们送上问候或赞美，向他们道谢。如果老夫妇有个头疼脑热，有人会主动开车送他们去医院，周末的时候也总有壮劳力来他们家的花园里义务锄草、修理暖棚。在这里，付出和得到的双方都显得那样心安理得。

记得有一年暑假，我临时搬入一所学生公寓，进门那天正逢星期日，所有的超市都关门，买不到一点吃的。我无意中走进厨房，只见冰箱上醒目地贴着一张纸条："亲爱的朋友，我是在您之前住过这套房子的人，搬家时还留下些东西，但愿对您有用，请您注意察看食品保质期。祝您假期快乐！"于是我打开壁橱，找到了面粉、通心面、食用油、调料、真空包装牛奶和一些餐具、餐巾纸，它们都分别用塑料袋包好，可见这位前房客是个十分认真的人。我用这些东西给自己做了一顿美味的晚餐，遗憾的是无法向这位雪中送炭的不知名朋友道声"谢谢"。此后我又几次去法国度假，每一回离开租借的住所，我也会将那些还有用的东西整理好后留给下一位房客，如衣架、餐具、清洁剂、卫生纸等。我觉得只有这样做，才能弥补那年暑假里留给我的遗憾。

有一回我去登阿尔卑斯山，半路上忽然下起雨来，走在泥泞的山道上很是费力。这时我看见身边的山石缝中插着一根竹制手杖，显然是有人特意留给登山者的。果然不出所料，当我拔出手杖准备继续上山时，一对下山的夫妇很自然地将手中已经完成任务的手杖插入了空出的石缝中。我望着他们的背影，心里一阵感动。爬到山顶上，雨过天晴，我将身上的雨披脱下来，抖干水珠叠好，放在了山顶那个供人休息的小木屋里。我想：也许有一天某个登山者忘了带雨具，那么我的雨披就能为他遮风挡雨。我知道可能永远不会认识那个使用我雨披的人，我只是希望现在的举动能让自己以后心安理得地去接受他人为我带来的方便。

第一章 黄金规则：己所不欲，勿施于人

在欧洲许多经济发达的国家里，人们对自我道德境界的追求已经远远超过对金钱的计较，生活中利人利己的原则也被广泛接受，成为一种社会成员间约定俗成的共识。就像我们常说的"人人为我，我为人人""与人方便，与己方便"一样，当你能做到随时随地为别人着想，那么也就自然可以毫无愧色地享受他人给你带来的方便了。

第二章

白金规则：
人所不欲，勿施于人

第十一节　呵护童真

心灵礼仪导航

> 人类真正意义的平等、尊重，也应体现在成人对儿童的尊重上。人之初，性本善。儿童的世界，就像春天的大地；童真，就像春风里的芽。成年人如果对童真漠然，甚至嘲讽，那将是对真善美的扼杀。呵护童真，其实是对人类的关爱。

一、为什么要呵护童真——童真就是天赋

当孩子问你一些"傻"问题的时候，千万别嘲笑他，请试着给他以启发。当孩子用想象力回答问题时，请多多鼓励，千万不要扼杀。

某日，我看电视里的儿童节目。主持人问天真的孩子："花儿为什么有很多种颜色？"孩子的回答个个透着可爱的童真。有的说，要是花儿只有一种颜色太阳就不喜欢了；有的说，要是花儿只有一种颜色，蜜蜂就不想吃了……最后这些回答都被判作是错误的（在孩子回答错误时，还会配上一种夸张的嘲笑音效）。当主持人一本正经地说出正确答案——花之所以有很多种颜色是因为花中含有胡萝卜素……整个节目顿失童趣。直到最后，主持人也没有对孩子的想象力给予褒奖，这使我很担心，担心孩子那无比宝贵的想象力会被我们这些自以为是的大人用一个"胡萝卜素"就轻而易举地涂抹掉。

我们总是急于将现成的答案告诉孩子。其实像"胡萝卜素"之类的

常识性知识，他们迟早有一天是会知道的，实在没有必要以牺牲孩子的想象力作为了解常识的代价。我们有责任尊重和保护孩子的想象力。

所以，我们不但要鼓励孩子提问题，而且要鼓励他们针对自己提的问题展开想象，最后给出一个自己对问题的解答。解答是对是错无所谓，只要是在动脑筋，就能使他们的思考力和想象力得到有效的锻炼。

从某种意义上讲，童真就是孩子天赋的态度。而我国与欧美国家对待童真及孩子天赋的态度完全不同。

改革开放之初，我国曾派一个访问团去美国考察初级教育。回国后，访问团写了一份三万字的报告，在见闻录部分，有这样四段文字：

学生无论品德优劣、能力高低，无不趾高气扬、踌躇满志，大有"我因我之为我而不同凡响"的意味。

小学二年级的学生，大字不识一斗，加减乘除还在掰手指头，就整天奢谈发明创造，在他们手里，让地球掉个头，好像都易如反掌似的。

重音乐、体育、美术，而轻数学、物理、化学。无论是公立学校还是私立学校，音乐、体育、美术活动无不如火如荼，而数学、物理、化学则乏人问津。

课堂几乎处于失控状态。学生或挤眉弄眼，或谈天说地，或跷着二郎腿，更有甚者，如逛街一般，在教室里走来走去。

最后，在结论部分，是这么写的：

美国的初级教育已经病入膏肓，可以这么预言，再用20年的时间，中国的科技和文化必将赶上和超过这个所谓的"超级大国"。

在同一年，作为互访，美国也派了一个考察团来到我国。他们在看了北京、上海、西安的几所学校后，也写了一份报告，在见闻录部分，也有这样四段文字：

中国的小学生在上课时喜欢把手放在胸前，除非老师发问时，才举起右手，否则不轻易改变动作；幼儿园的学生则喜欢把手背在后面，室外活动时除外。

中国的学生喜欢早起，七点钟之前，在中国的大街上见到的最多的是学生，并且他们喜欢边走路边用早点。

中国学生有一种作业叫家庭作业,据一位中国老师解释,它的意思是学校作业在家庭中的延续。

中国把考试分数最高的学生称为学习最优秀的学生,他们在学期结束时,一般会得到一张证书,其他人则没有。

在报告的结论部分,是这么写的:

中国的学生是世界上最勤奋的,也是起得最早、睡得最晚的;他们的学习成绩和世界上任何一个国家的同年级学生比较,都是最好的。可以预测,再用20年的时间,中国在科技和文化方面,必将把美国远远地甩在后面。

几十年过去了,美国"病入膏肓"的教育制度共培养了几十位诺贝尔奖获得者和一百多位知识型的亿万富豪,而我国还没有哪一所学校培养出一名这样的人才。两国的预言都错了。

每个孩子都拥有独特的天赋,我国的学校却只承认一种,那就是把课堂上灌输给学生的知识写在试卷上的天赋。美国的学校则承认孩子各有各的天赋,并且在教育中让他们竭力张扬自己的天赋。

要想使预言不再出错,要想使我国的每一个孩子都有个好的前程,现在父母和教师唯一要做的,不是帮助他们把考分再提高一些,而是要呵护童真,保护孩子的天赋不再受学校的侵害。

我国的校长、教师、家长们,不要再只注重孩子的分数了,孩子的童真、天赋快被分数的"功利"扼杀光了。

二、如何呵护童真——立法保障,尊重孩子

当孩子的回答不是你所谓的标准答案时,不要马上说他错了。请试图和他比比想象力。

1968年,美国内华达州一位叫伊迪丝的3岁小女孩告诉妈妈,她认识礼品盒上"OPEN"的第一个字母"O"。这位妈妈非常吃惊,问她是怎么认识的。伊迪丝说:"是薇拉小姐教的。"

这位母亲表扬了女儿之后,一纸诉状把薇拉小姐所在的劳拉三世幼儿园告上了法庭,理由是该幼儿园剥夺了伊迪丝的想象力,因为她的女

儿在认识"O"之前,能把"O"说成苹果、太阳、足球、鸟蛋之类的圆形东西,然而自从劳拉三世幼儿园教孩子识读了26个字母后,伊迪丝便失去了这种能力。她要求该幼儿园对这种后果负责,赔偿伊迪丝精神伤残费1000万美元。

诉状递上之后,在内华达州立刻掀起轩然大波。劳拉三世幼儿园认为这位母亲是疯子,一些家长也认为她有点小题大做,她的律师也不赞同她的做法,认为这场官司是浪费精力。然而,这位母亲坚持要把这场官司打下去,哪怕倾家荡产。

三个月后,此案在内华达州立法院开庭。最后的结果出人意料:劳拉三世幼儿园败诉。因为陪审团的成员被这位母亲在辩护时讲的一个故事感动了。

她说:"我曾到东方某个国家旅行,在一个公园里见过两只天鹅,一只被剪去了左边的翅膀,一只完好无损。剪去翅膀的那只被放养在一片较大的水塘里,完好的那只被放养在一片较小的水塘里。当时我非常不解,就请教那里的管理人员。他们说,这样能防止它们逃跑。我问为什么,他们解释,剪去一边翅膀的那只无法保持身体平衡,起飞后就会掉下来;在小水塘里的那只虽然没被剪去翅膀,但起飞时会因为没有足够的滑翔路程,而只能老实地待在水里。当时我非常震惊,震惊于东方人的聪明。可是我也感到非常悲哀,为两只天鹅感到悲哀。今天,我为我女儿的事来打这场官司,是因为我感到伊迪丝变成了劳拉三世幼儿园的一只天鹅。他们剪掉了伊迪丝的一只翅膀,一只幻想的翅膀,人们早早地就把她投进了那片小水塘,那片只有ABC的小水塘。"

现在美国公民权法规定,幼儿在学校拥有两项权利:一是玩的权利;二是问"为什么"的权利。这两项权利的列入是否起因于那位母亲的官司,不得而知。不过,有一点非常清楚,这一规定使美国在科技创新方面始终走在世界的前列,也使美国出现了比其他国家多得多的年轻的亿万富翁。

我们国家是否也应该有类似的法律条文呢?我们的教育体制是否有类似的保护孩子天赋的机制呢?

我在某杂志上还看到过这样一则小故事。一个孩子专心致志地蹲在蚂蚁洞旁。这时走过来一个成年人，好奇地问孩子在干什么。孩子说在听蚂蚁唱歌。成年人大笑道："胡说，蚂蚁怎么会唱歌？"孩子被笑声激怒了，冲着成年人大声说道："你又没蹲下来，怎么就说蚂蚁不会唱歌？"

　　童心纯净，童心无欺，童心是一个不可忽略的世界啊！

三、呵护童真的技巧——像孩子一样保持童真

　　当孩子让你一同去做天真的"傻"事时，不要马上拒绝他。若是出于爱心，就请帮帮他。

　　听一位老师讲过这样一个故事。下雪了，人们都穿上了棉衣。一个孩子跑到老师跟前很认真地说："老师，天气这么冷，院子里的雕像也应该穿上棉衣。"老师只是一笑，并没有在意。过了一会儿，又有一个孩子提出了同样的建议。于是，老师决定带着孩子们举行一场为雕像穿棉衣的仪式。

　　我想，随着时光的推移，孩子会长成大人，孩子自己穿过棉衣会被遗忘；但是，雕像穿过棉衣将永远存留在他们的记忆中。冬天里一块石头所获得的刻骨的温暖，将使那日后在有形与无形的风雪中穿行的心感到美好与安慰。

　　当孩子天真的行为充满爱而没有功利时，千万不要斥责他，应从中学到浪漫。

　　我的邻居中有一对喜欢垂钓的夫妇，却有一个七岁的不爱钓鱼的小女儿。每到周末，我经常听见那小女孩委屈的哭泣声。

　　记得那是一个云淡风轻的午后，正被一些资料弄得焦头烂额的我听到一阵银铃般的欢笑声，我寻声抬头望见邻居的阳台上伸出一根精致的钓竿，末端垂挂的竟是一朵盛开的娇艳的玫瑰。有一只五彩斑斓的蝴蝶正绕着那朵玫瑰花翩翩飞舞，手握钓竿的是那"不爱钓鱼"的小姑娘。我好奇地走过去问她在干什么，小姑娘高兴地说："我用玫瑰花钓到了一只美丽的蝴蝶。"

　　我的心猛地一震，记起了小姑娘曾悄悄对我说过她也喜欢垂钓，喜

欢和父母一起欣赏那美丽的郊外风光。但是她不忍心看到尖锐的钓钩刺破鱼儿的嘴，所以，每一次她都宁愿选择独自留在家中。

我又望了一眼那个小女孩，午后的阳光正斜照在她的脸上，她如天使般动人。而那朵悬挂在半空中的玫瑰花，默默地散发着幽幽的甜香，就像一颗纯洁的童心在金色的阳光下闪闪发光，又如一泓碧水清澈见底。

选择一朵花做钓饵，只能吸引一些蝴蝶和蜜蜂，却依然可钓到心满意足的美好和欢乐。不知在这个浮华喧嚣的现实生活中，究竟还有几个人依旧保持着那份纯真，选择这条云淡风轻、充满阳光的欢乐之路。

在这个物质的世界里，我们有时会觉得恍惚无依。"成熟"折磨着我们，我们只能眼看着自己的纯真、热忱、敏感与同情一点点被剥蚀、被风化。法国伟大的人道主义者阿尔贝特·史怀泽先生说："我本能地防止自己成为人们通常所理解的'成熟的人'。因为，与成熟相伴的往往是如此不和谐的词：贫乏、屈服、迟钝、仇恨……"在"早熟"成为全球性"流行疾病"的今天，让我们悉心呵护那弥足珍贵的童真与童趣，并让自己知道，这童真与童趣是上帝送给人类的最后的礼物，是上帝通过孩子施舍给我们的美丽天堂。

第十二节　礼爱梦想

心灵礼仪导航

如果对别人的梦想不屑一顾，不仅是无爱，更是无礼。

梦想是造物主赋予生命的一种原始本能，是保护生命的一种东西。如果没有梦想所赋予的美好与未知的神秘感，人可能在少年时代就已经倒地不起。如果一个身处梦想阶段的人，被人提前打破了他梦想的空间，剥夺了他梦想的权利，这将是可怕的；无数人被打破了梦想的空间，被剥夺了梦想的权利，世界将是可怕的。

一、为什么要礼爱梦想——梦想的价值

一个孩子如果连梦想都没有，请设法鼓励他确立一个。如果他不敢，就请帮他买一个。

在美国曾发生过一件为梦想打官司的事。

2002年感恩节的前几天，芝加哥一位名叫赛尼·史密斯的中年男子向当地法院递交了一份诉状，要求赎回自己去埃及旅行的权利。该案在美国掀起了轩然大波。

这起案子的案情十分简单。它发生在40年前，当时赛尼刚刚6岁，在威灵顿小学读一年级。有一天，品行课老师玛丽小姐让他们各说出一个自己的梦想。全班24名同学都非常踊跃，尤其是赛尼，他一口气说出两个：一个是拥有自己的一头小母牛，另一个是去埃及旅行一次。可是

当玛丽小姐问到一个名叫杰米的男孩时,他竟说自己没有梦想。为了让杰米也拥有一个自己的梦想,她建议杰米向同学购买一个。于是在玛丽小姐的见证下,杰米用3美分向拥有两个梦想的赛尼买了一个。由于赛尼当时太想有一头小牛了,他就出让了第二个梦想——去埃及旅行。

40年过去了,赛尼已人到中年,并且在商界小有成就。40年来,他去过很多地方——瑞典、丹麦、希腊、沙特阿拉伯、中国、日本,然而他从来没有涉足过埃及。难道他没想过去埃及吗?他说,从他卖掉去埃及的梦想之后,他就从来没忘记过这个梦想。然而,作为一个虔诚的基督徒和诚信的商人,他不能去埃及,因为他已经把梦想卖掉了。

2002年感恩节前夕,他和妻子打算到非洲旅行一次。在设计旅行路线时,妻子把埃及金字塔作为其中的一个观光项目。赛尼决定赎回那个梦想,因为他觉得只有那样,他才能坦然地踏上那片土地。

然而最后,赛尼没有赎回那个梦想。因为经联邦法院审定,那个梦想价值3000万美元,赛尼要赎回去,就会倾家荡产。

杰米在答辩状中是这样说的:"在我接到史密斯先生的律师送达的副本时,我正在打点行装,准备全家一起去埃及。这也许是我一口回绝史密斯先生要求赎回那个梦想的理由。

"其实,真正的理由不是我们正准备去埃及,而是这个梦想的价值。小时候我是个穷孩子,穷到我不敢有自己的梦想。然而,自从我在玛丽小姐的鼓励下,用3美分从史密斯先生那里购买了一个梦想之后,我彻底地改变了,变得富有了。我不再散漫,我的学习有了很大的进步。我之所以能考上华盛顿大学,完全得益于这个梦想,因为我想去埃及。

"我之所以能认识我美丽贤惠的妻子,也得益于这个梦想。她是一个对埃及着迷的人。如果我没有购买那个梦想,我们绝不会在图书馆里相遇,更不会有一段浪漫迷人的恋爱。我的儿子现在在斯坦福大学读书,也得益于这个梦想。因为从他小时候起我就告诉他:'我有一个梦想,那就是去埃及。如果你能获得好的成绩,我就带你去那个美丽的地方。'我想他是在埃及的召唤下才走入斯坦福大学的。

"现在,我在芝加哥拥有6家超市,总价值2500万美元左右。我想,如果我没有那个去埃及旅行的梦想,我是绝不会拥有这些财富的。尊敬的法官,我想假如这个梦想是你们的,你们也一定会认为这个梦想已融入你们的生命之中,已经和你们的生活、命运紧密相连,密不可分;一定会认为,这个梦想就是你们的无价之宝。"

赎回一个 3 美分卖掉的梦想,要花 3000 万美元,在我们看来也许没有必要,或者说根本不值得。然而,据报道,后来,赛尼又上诉到联邦法院,说哪怕花 3 个亿,把官司打到自己的曾孙那一代,也要赎回自己儿时的梦想。

在个人可控制的物质残缺不全的时候,梦想就像朵朵祥云,能够完美地填补这些残缺。

二、如何礼爱梦想——梦想皆有神助

当一个人说出一件你认为不可能的事时,你千万不要说那不可能。不要认为梦想都是不可能实现的,是不着边际的幻想。

世间的事非常奇怪,有时候越是人们认为不可能的事,做起来反而越顺利。第一位发现这个道理的人,据说是哥伦布。

越是一般人认为不可能的事,越有可能做到。这句话确实很有道理。大家都认为不可能,必然谁也不去关注,谁也不去攻击,谁也不去设防。再者,不可能实现的事,一般都没有竞争对手,第一个去做的人正好可以独自"乘虚而入"。

另外,一般人认为不可能的事,肯定是件十分困难甚至难以想象的事。因为太难,所以畏难;因为畏难,所以根本不去问津。不但自己不去问津,甚至认为别人也不会问津。可以说,世界上真正的大事,都是在大多数人认为不可能的情况下完成的。

因此,成功并不像人们想象的那么难。鼓励一个人取得成功,不要一味地让他"劳其筋骨,饿其体肤",应该以兴趣为第一位。

1965 年,一位韩国学生到剑桥大学主修心理学。在下午茶时间,他常到学校的咖啡厅或茶座听一些成功人士聊天。这些成功人士包括诺贝尔奖获得者、某一领域的学术权威和一些创造了"经济神话"的人,他们幽默风趣，举重若轻，把自己的成功都看得非常自然和顺理成章。时间长了，韩国学生发现，在国内时，他被一些成功人士欺骗了。那些人为了让正在创业的人知难而退，普遍把自己创业的艰辛夸大了，也就是说，他们在用自己的成功经历吓唬那些还没有取得成功的人。

作为心理学系的学生，他认为有必要对韩国成功人士的心态加以研究。1970年，他把《成功并不像你想象的那么难》作为毕业论文，提交给现代经济心理学的创始人威尔·布雷登教授。布雷登教授读后，大为惊喜，他认为这是一个新发现，这种现象虽然在东方甚至在世界各地普遍存在，但此前还没有一个人大胆地提出来并加以研究。

惊喜之余，他写信给他的剑桥校友——当时正坐在韩国政坛第一把交椅上的朴正熙。他在信中说："我不敢说这部著作对你有多大的帮助，但我敢肯定它比你的任何一个政令都能产生震动。"

后来，这本书果然伴随着韩国的经济起飞了。这本书鼓舞了许多人，因为它从一个新的视角告诉人们，成功与"劳其筋骨，饿其体肤""三更灯火五更鸡""头悬梁，锥刺股"没有必然的联系。只要你对某一事业感兴趣，长久地坚持下去就会成功，因为你的时间和智慧足够让你圆满地做完一件事情。后来，这位韩国学生也获得了成功，他成了韩国起亚汽车公司的总裁。

人生中的许多事，只要想做，都能做到；该克服的困难，也都能克服。用不着什么钢铁般的意志，更用不着什么技巧或谋略，只要一个人还在朴实而饶有兴趣地生活着，他终究会发现，造物主对世事的安排都是水到渠成的。

下面的故事也许更具鼓励性，因为梦想皆有神助。

他是一位匈牙利木材商的儿子，由于天生呆笨，人们都喊他"木头"。他也确实"名副其实"，9岁之前，除了因遵守秩序在学校获得过一枚玩具螺丝钉外，再没有获得过什么奖励。

12岁时，他做了一个梦，梦见有位国王给他颁奖，因为他的作品获得了诺贝尔文学奖。当时，他很想把这个梦告诉别人，但又怕被人嘲笑，最后，只告诉了妈妈。

妈妈说："假如这真是你的梦，你就有出息了！我曾听说，当上帝把一个不可能的梦放在谁的心中时，就是真心想帮助谁完成。"

男孩从来没有听说过梦想和上帝还有这层关系，妈妈说完，他就信以为真了。他想，自己真是天底下最幸福的人！世界那么大，上帝却一下子就选中了他。为了不辜负上帝的期望，从此他真的喜欢上了写作。

"倘若我经得起考验，上帝会来帮助我的！"他怀着这样的信念开始了他的写作生涯。三年过去了，上帝没有来；又三年过去了，上帝还是没有来。就在他期盼上帝前来帮助的时候，上帝还没来，希特勒的部队却先来了。作为犹太人，他被送进了集中营。在那里，数百万人失去了生命，而他靠着"生存就是顺从"的信念活了下来。

"我又可以从事我梦想的职业了！"后来，他怀着这种心情走出奥斯维辛集中营。1965 年，他终于写出了他的第一部小说《无法选择的命运》；1975 年，他又写出他的另一部小说《退稿》。

接着他又写出了一系列作品。

就在他不再关心上帝是否会帮助他时，瑞典皇家文学院宣布：把 2002 年的诺贝尔文学奖授予匈牙利作家凯尔泰斯·伊姆雷。他听到后，大吃一惊，因为这正是他的名字。

当人们让这位名不见经传的作家谈一谈他获奖后的感受时，他说："没有什么感受！我只知道，当你说我就喜欢做这件事，多困难我都不在乎时，上帝就会抽出身来帮助你。"

梦想皆有神助！在新世纪里，伊姆雷成了第一位证明人。预言家说，还会有第二位，就藏在有梦想的人中间。

三、礼爱梦想的技巧——善待孩子的梦

当孩子向你说出他的梦想时，千万不要说那是瞎想，而应好好地呵护。

多年以前的一个晚上，有位年轻的母亲正在厨房里洗碗，她才几岁的小儿子独自在洒满月光的后院玩耍。年轻的母亲不断听到儿子蹦蹦跳跳的声音，感到很奇怪，便大声问他在干什么。天真无邪的儿子也大声

回答:"妈妈,我想要跳到月球上去!"这位母亲并没有像其他的父母一样责怪儿子不好好学习,只知道瞎想,而是说:"好啊!不过一定要记得回来呀!"

这个小孩长大以后真的"跳"到月球上去了,他就是人类历史上第一个登上月球的人——美国宇航员尼尔·阿姆斯特朗。

还有一个同样有意思的故事。一天,一个小男孩的母亲不在家,让他在家里照顾妹妹莎莉。他无意中发现了几瓶彩色墨水,这对他真是一种极大的诱惑。小男孩忍不住打开瓶子,开始在地板上画起了妹妹的肖像。不可避免地,他把室内各处都弄上了墨水污渍,家里变得脏乱不堪。

当他母亲回来时,被眼前的情景惊呆了,但她同时也看到了地板上的那张画像——准确地说是一片乱七八糟的墨迹。她对色彩凌乱的墨水污渍视而不见,却惊喜地说道:"啊,那是莎莉!"然后弯下腰来亲吻了她的儿子。这个男孩就是本杰明·威斯特,后来成了一名著名的画家。他常常骄傲地对人说:"是母亲的亲吻使我成了画家。"

对于一个未成年却充满想象力的孩子,我们永远都不可能预测他将通过何种方式、何种途径去实现未来的人生价值,获取属于他的成功。我们要做的只有一件事,那就是鼓励,再鼓励!只要是积极的、向上的、生动的就去鼓励,剩下的一切都交还给他自己——让孩子做孩子的事,他往往能在"不可能"或"不太可能"中找到可以献身的东西,并在造福于人类的事业中达到一个光辉的顶点!

在欧美国家,圣诞老人不知成全了多少孩子的梦想。而可怜的中国孩子,一直没有得到过这种幸福。不过现在已有人开始关注孩子的梦了。孩子都希望童话是真的,如果不难实现,就成全他们吧。

一位从贫困山区走出来的作家朋友想出了这样一个过年的办法:开上吉普车,在后备箱里塞满装着铅笔的铅笔盒,还有一打一打的作业本,到贫困地区去转一趟。他要在沿途把铅笔和本子发给路上遇到的穷苦孩子。

一个月后他回来了。谈起旅途中的所见所闻,他感慨良多。

我问他,为什么会产生这样一个想法。

他告诉我，他从小就经常幻想自己能遇到这样一个"从天而降"的叔叔，然而一直没有遇到过。现在日子好了，他推己及人，就萌生了这样一个念头。

自己希望得到什么，别人可能也希望得到什么，这是最基本的人性前提。

在孩子幼小的心灵中，一个从天而降然后飘然而去的叔叔，难道不是天使的化身吗？

第二章 白金规则：人所不欲，勿施于人

第十三节　鼓励为善

心灵礼仪导航

在这个世界上，所有的成功最初都是从一个小小的信念开始的。然而信念并不那么容易获得，它需要激励，鼓励。一个小小的机会，一次善意的鼓励，也许付出的人本是想收获一片枫叶的，想不到回报的竟是美丽的枫林。

善意的鼓励就像为天使振翅，一旦起飞，不但能飞行九万里，而且优美可爱之极。

一、为什么说鼓励为善——鼓励就像为天使振翅

一个美丽的故事就能重振信心，那充满爱的祝福能变成"天使的翅膀"。

很久以前，有一个小男孩非常自卑，因为他背上有两道明显的伤痕。这两道伤痕，从他的颈部一直延伸到腰部，上面布满了扭曲的肌肉。所以，小男孩非常讨厌自己，非常害怕换衣服，尤其害怕上体育课。当其他小朋友都高兴地脱下又黏又不舒服的校服，换上宽松的衣服时，小男孩只能一个人偷偷地躲在角落里，用背部紧贴住墙壁，用最快的速度换上衣服，生怕别人发现他有这么可怕的缺陷。

可是，时间长了，他背上的疤痕还是被其他小朋友发现了。"好可怕呀！""你是怪物！""你的背上好恐怖！"天真而无心的话语最伤人。小男

孩哭着跑出教室，从此再也不敢在教室里换衣服，再也不上体育课了。

这件事发生以后，小男孩的妈妈特地牵着他的手找到班主任。小男孩的班主任是一位很慈祥的女教师，她仔细地听着妈妈说起小男孩的故事：

"这孩子刚出生的时候就得了重病，当时本来想要放弃的，可是又不忍心，这么可爱的小生命，我们怎么可以轻而易举地把他丢掉呢？"妈妈的眼睛不觉红了，"所以，我跟丈夫决定把孩子救活。幸好当时有位医术很高明的大夫，愿意尝试用手术的方式来挽救这孩子的生命。经过好几次手术，才把他的命保了下来，他的背部却留下了两道清晰的疤痕，这是他与生命抗争的证明。"

班主任听后，轻声对小男孩说："明天上体育课，我会帮你的。"

第二天上体育课的时候，小男孩怯生生地躲在角落里脱下了他的上衣。这时，所有小朋友又露出了诧异和厌恶的声音："好恶心呀！""他的背上生了两只大虫。"小男孩的双眼禁不住湿润了，泪水不听话地流了下来。

就在这个时候，班主任出现了。她慢慢地走向小男孩，对所有人说："老师以前听过一个故事，好想现在就讲给你们听啊！"小朋友最爱听故事了，连忙围了过来。

班主任指着小男孩背上那两条明显的疤痕，绘声绘色地说道："这是一个传说，每个小朋友都是天上的小天使变成的。有的天使变成小孩时，很快就把他们美丽的翅膀脱下来了；有的小天使动作比较慢，来不及脱下他的翅膀，这个时候，美丽的翅膀就会变成背上的两道疤痕。"

"这就是天使的翅膀呀！"同学们指着小男孩的背部纷纷发出惊叹。

"对呀！"班主任的脸上露出神秘的微笑。

小男孩呆呆地站着，原本流泪的双眼此时此刻停止了流泪。

突然，一个小女孩天真地说："老师，我可不可以抚摸一下小天使的翅膀？"

"这要问问小天使肯不肯啊？"班主任微笑着向小男孩眨了眨眼睛。

小男孩鼓起勇气，羞怯地说："好！"

小女孩轻轻地摸了摸他背上的疤痕，高兴地叫了起来："啊，好棒！我摸到天使的翅膀了！"女孩这么一喊，所有的小朋友都拼命地跟着喊："我也要摸摸小天使的翅膀！"

后来，小男孩渐渐长大了，他深深地感谢这位让他重拾信心的老师。高中时他还参加全市的游泳比赛，得了亚军。他勇敢地选择了游泳，是因为他相信，他背上的那两道疤痕，是被老师的爱心所祝福的"天使的翅膀"。

还有一个故事是讲母亲用智慧的比喻来呵护孩子的自尊、激励孩子上进的。

有个孩子对一个问题一直想不通：为什么他的同桌想考第一一下子就考了第一名，而自己想考第一却才考了全班第二十一名？

回家后他问道："妈妈，我是不是比别人笨？我觉得我和他一样听老师的话，一样认真地做作业。可是，为什么我总是比他落后？"妈妈听了儿子的话，感觉到儿子开始有自尊心了，而这种自尊心正在被学校的排名伤害着。她望着儿子，没有回答，因为她不知该怎样回答。

又一次考试后，孩子考了第十七名，而他的同桌还是第一名。回家后，儿子又问了同样的问题，她真想说，人的智力确实有三六九等之分，考第一的人，脑子就是比一般人的灵。然而这样的回答，难道真是孩子想知道的答案吗？

到底应该怎样回答儿子的问题呢？有几次，她真想重复那几句被上万个父母重复了上万次的话——你太贪玩了；你在学习上还不够勤奋；和别人比起来还不够努力……以此来搪塞儿子。然而，像她儿子这样脑袋不够聪明、在班上成绩不突出的孩子，平时活得还不够辛苦吗？所以她没有那么做，她想为儿子的问题找到一个完美的答案。

儿子小学毕业了，虽然他比过去更加刻苦，但依然没赶上他的同桌，不过与过去相比，他的成绩一直在提高。为了对儿子的进步表示赞赏，她带他去看了一次大海。就是在这次旅行中，妈妈回答了儿子的问题。

如今，这个儿子再也不担心自己的名次了，也再没有人追问他小学时排第几名了，因为他已经以全校第一名的成绩考入了清华大学。寒假归来时，母校请他给同学及家长们做一个报告。他讲了这件往事，以及妈妈给他的答案：

"我和母亲坐在沙滩上，她指着前面对我说：'你看那些在海边争食的鸟，当海浪打来的时候，小灰雀能迅速地起飞，它们拍打两三下翅膀就升上了天空；而海鸥总显得非常笨拙，它们从沙滩飞上天空总要很长时间，然而，真正能飞越大海、横穿大洋的还是它们。'"

这个报告使很多母亲流下了眼泪，其中包括他自己的母亲。寻找一个恰当的比喻，不仅能呵护孩子的自尊，更能激励孩子上进。

二、如何善用鼓励——多奖励，多用爱的语言与行为

即便孩子犯了错误，奖励也胜过惩罚。

当年陶行知先生任育才学校校长的时候，一天，他看到一名男生用砖头砸同学，遂将其制止，并责令他到校长室等候。陶先生回到办公室，见男生已在等候，便掏出一块糖递给他："这是奖励你的，因为你按时到了，而我却迟到了。"接着又掏出一块糖给他："这也是奖励给你的，我不让你打同学，你立即住手了，说明你很尊重我。"男生将信将疑地接过糖果。陶先生又说："据了解，你打同学是因为他欺负女生，说明你有正义感。"陶先生遂掏出第三块糖给他。这时男生哭了："校长，我错了，同学再不对，我也不能采取这种方式。"陶先生又拿出第四块糖说："你已认错，再奖励你一块，我们的谈话也该结束了。"

只要是鼓励，哪怕是一句随意的话，一个小小的爱的举动，也会产生强烈的情感效应。下面是一位语文老师的亲身经历与感悟。

飘动着梧桐花香的雨夜，传来一阵清脆的电话铃声。

"颜老师吗？"电话里传来家长的询问声。

"哦，我是。"我应道，这是刚转来的学生杜福贻的家长打来的。孩子基础比较差，最让人头疼的是字像茅草一样漫天飞，"遮天蔽日"不易辨认。

"这孩子的字写得不好，错的也多，给您添麻烦了，家庭作业我经常撕了让他重写，有时气急了也常常揍他。"听得出家长在说起孩子时仍有

些难为情。"今天下午放学后他一见我就高兴地嚷了起来：'妈妈，颜老师表扬我了，说我的字进步了。'那高兴劲儿甭提了，真的是这样吗？我有些不相信……"

听着电话，下午的一幕又在我脑海中浮现。

放学后，杜福贻改完错，拿本子来办公室。因为下着小雨，他便把本子揣在怀里，不让雨水浸湿，说明他已经懂得了爱惜本子。来到办公室门口，他并没有马上进来，而是徘徊了一阵，估计是怕老师的斥责与批评或者再去重写。那一刻，我被感动了。终于，他怯怯地站在了我面前。看着他那依旧潦草的字，我没有皱眉，也没有叹气，而是用手轻轻地抚摸了一下他那稚气的脸蛋，温和地告诉他："你的字有进步。"他紧张的神情顿时放松下来，露出一个甜甜的笑，颇有些女孩子的娇羞。

"颜老师，您知道吗，我每次撕作业或打他时，他那可怜巴巴的眼神都像在哀求我：'妈妈别撕了，妈妈别打了。'每一次我也很难过，可他为什么总是写不好呢？"家长说着说着又激动起来，有些泣不成声了。

在滴滴答答的雨声中，我感到从未有过的凉爽与舒适，往日烦躁、疲倦的感觉，慢慢消散在爱意浮动的夜幕里。

三、鼓励的智慧与技巧——正面的暗示，温柔的征服

每种行为现象都可以有正反两种看法与解释，就看你如何选择。鼓励上天堂，打击下地狱。一位妈妈选择了鼓励。

第一次参加家长会，幼儿园的老师说："你的儿子有多动症，在板凳上连三分钟都坐不了，你最好带他去医院看一看。"

回家的路上，儿子问她，老师都说了些什么，她鼻子一酸，差点流下泪来。因为全班30位小朋友，唯有他表现最差；唯有对他，老师表现出不屑。然而，她这样告诉儿子："老师表扬你了，说你原来在板凳上坐不了一分钟，现在能坐三分钟了。其他的妈妈都非常羡慕妈妈，因为全班只有你进步了。"

那天晚上，她的儿子破天荒地吃了两碗米饭，并且没让她喂。

儿子上小学了。家长会上，老师对她说："全班50名同学，这次数

学考试，你儿子排第 49 名。我们怀疑他智力上有些障碍，您最好带他去医院查一查。"

回去的路上，她流下了泪。然而，当她回到家里，却对坐在桌前的儿子说："老师对你充满信心。他说，你并不是个笨孩子，只要能细心些，会超过你的同桌，这次你的同桌排在第 21 名。"

说这话时，她发现，儿子暗淡的眼神一下子充满了光亮，沮丧的脸也一下子舒展开来。她甚至发现，儿子温顺得让她吃惊，好像长大了许多，第二天上学时，去得比平时都要早。

儿子上初中了，又一次家长会，她坐在儿子的座位上，等着老师点她儿子的名字，因为每次家长会，她儿子的名字在差生的行列中总是被点到。然而，这次却出乎她的预料，直到结束，儿子都没有被点名。她有些不习惯，临别，去问老师，老师告诉她："按你儿子现在的成绩，考重点高中有点危险。"

她怀着惊喜的心情走出校门，此时她发现儿子在等她。路上她扶着儿子的肩膀，心里有一种说不出的甜蜜，她告诉儿子："班主任对你非常满意，他说，只要你努力，很有希望考上重点高中。"

儿子高中毕业了。一个第一批大学录取通知书下达的日子，学校打电话让她儿子到学校去一趟。她有一种预感，她儿子被清华大学录取了，因为在报考时，她对儿子说过，她相信他能考取这所学校。

儿子从学校回来，把一封印有清华大学招生办公室的特快专递交到她的手里，突然转身跑到自己房间里大哭起来，边哭边说："妈妈，我一直都知道我不是个聪明的孩子，是您……"

这时，她悲喜交加，再也按捺不住十几年来凝聚在心中的泪水，任它落在手中的信封上。

只有充满智慧的爱，只有正面的暗示，才能给人以温柔的征服，如同春光轻轻吻住花蕾，让心之花瓣幸福地次第舒展。

同样，只有爱的天才，才能想出用"第二种思维方式"来鼓励人。起码一位大学生用"统计学"证实了。

我家里的人都很喜欢在饭桌上聊天。有些话题总是会被谈起，其中

第二章 白金规则：人所不欲，勿施于人

一个就是我们家族的一些成员在数学方面天生不足。我是他们提到的一大串数学天分被破坏的家族成员的最后一个。在过了14年之后，我开始接受这是一个无可争议的，也不能被改变的事实。

读高中的时候，我的几何曾经三次不及格。最终，我及格了并且进入威斯康星的一所大学主修心理学。一个小小的难题横在了我和我的学位之间——统计学。在听说了各种有关统计学的可怕传闻之后，我在精神上更被推到了一个绝望的位置。在这种情况下，我提出了更换专业的申请，并说明了理由。

一天，我被叫进了办公室。法因教授是一个矮矮的、胖胖的，有着细细的头发和永恒微笑的男人，他坐在桌子上，脚悬在半空中。他看了看我要求换专业的申请，然后把手放到了头上。

"孩子，今天可是你的幸运日。"我疑惑地看着他，他又重复道，"今天确实是你的幸运日。你要相信，任何一种遗传基因都有得到补偿的时候，你将在统计学上非常出色。"他的脸上绽开了一个大大的笑容。

"能告诉我是怎么回事吗？"我问道。

他耸耸肩，说："你拥有第二种思维方式。听着，拥有第一种思维方式的是那些擅长几何却在统计学中表现很糟糕的孩子。他们学统计学时会疯了一样地挣扎。统计学是一种完全不同的数学，因而需要一种不同的思维方式，就像你的思维方式。"他拿起了我的成绩单。

"你对几何缺乏天分，但你很可能在统计学上拿到A。几何学得好的孩子一般都学不好统计学，几何很糟的孩子却能很轻松地理解统计学的各种难题。如果你有一次几何不及格，我猜想你就能在统计学上得到一个A或B。想想吧，孩子，你有三次都不及格，你简直就是一个天才。"他又一次把手放到了头上。

"是真的吗？"我被弄糊涂了。

他跳到了地板上，用他的手托起我的脸，看着我瞪大的眼睛，说："真的，我真为你感到高兴。你从没有放弃过，现在该是你得到补偿的时候了。"

一阵狂喜包围了我。他撕碎了我更换专业的申请，握了握我的手又拍了拍我的背，怀着一种极大的热情和鼓励。

当我离开这座象牙色的砖砌建筑并在校园里穿行的时候，我向二楼的窗户望去，法因教授站在窗口，还在微笑着，他竖起两根手指，意思是"第二种思维方式"。我也冲他笑了笑，然后竖起了三根手指，意思是"三次不及格"。

到我升上二年级的时候，这一幕在我的脑海里已经至少重复了一千遍。每一次想起，我都会看到一个赞许的微笑，一次坚定的、热情洋溢的握手，甚至包括他向其他教授介绍关于我的情况，其中对我的期待被一遍又一遍地重复着。

我一直期待着统计学的来临。当这一刻终于到来的时候，我做了一件我从未在其他数学课上做过的事情——抢占了一个前排的座位。我问了那么多的问题以至于让人觉得讨厌，那个学期我的统计学课本从来没有远离过我。当然，我和朋友相处以及外出游玩的时间也变得少了。我给自己定下了一些原则并且始终坚持着。

无论法因教授是怎么说的，统计学确实是一门很难的学问，它需要高度集中的注意力和频繁的练习。但是，付出总是有回报的，我获得了那年全校唯一的全A。

不久以后，我偶然遇到了法因教授从前的一个助手，他说："祝贺你！"他笑一笑之后继续说，"法因教授总是告诉那些天赋不好的学生'第二种思维方式'的故事。你一定会对这个故事奏效的程度感到吃惊，是吗？"

思维方式是惊人的，只要你相信这一点。

第二章 白金规则：人所不欲，勿施于人

第十四节　保护自尊

心灵礼仪导航

富兰克林说:"彼此的自尊,是人际交往的底线。"

行走在人生的旅途上,谁都会有摔跤、失意的时候,尴尬、狼狈、脆弱、痛楚也在所难免。这个时候,一个人最需要的是有一个抚平创伤、恢复自尊的时间和空间。诚然,这个世界需要爱,并因为爱而充满希望,但当你向对方表达善意、施予关爱的同时,千万别误伤了对方的自尊,哪怕他是你最亲近的人。

一、为什么要保护自尊——自尊是金

一直以来,分数,不仅是学生的命根,也是教师手中的魔法手杖。每一位教师都要善用满分,慎用零分。因为满分引向天堂,零分指向地狱。以下是一个关于分数的真实故事。

在我的学生生涯中,记忆里最深刻的要算一个满分和一个零分了,这两个非同寻常的评分甚至影响了我的一生。

一次期中考试过后,伍老师在课堂上讲评语文试卷。在讲到作文时,伍老师念了好多这次写得很好的学生的名字,并说其中我的作文写得最好,他给判了满分40分。当伍老师在讲台上说出这段话时,所有的同学都将目光转向我,我简直不敢相信,因为作文获得满分,对我来说实在不可思议,我的心激动得怦怦直跳。随后,伍老师讲评了我的那篇作文。

那一节课，我记住了老师的每一句话。课后，伍老师把试卷发给我们，好多同学都抢着看我那篇获得了满分的作文，眼尖的同学马上就发现了问题——那上面有好几处红笔修改过的错别字，"有错别字怎么能够得满分？"但没有人理会这样的诘问。而那个满分带来的喜悦早已弥漫了我的全身。这以后，我对伍老师有了更多的信任和感激，我也更加努力地学习，用好成绩来报答他的"偏爱"。我的语文成绩一直保持着班里的第一名，作文更是越写越好，学校"学习园地"的一小块版面几乎成了我的专栏。我还参加学校推荐的各种作文竞赛，并且获得过各种奖励。

初中毕业后，我没能考上高中。但出于对作文的喜爱，我在离开学校后的几年里都坚持写日记。而这对于我后来的生活来说，无疑是非常重要的。因为之后我当兵入伍了，在战友当中我虽然读书不多，但文字功底并不差，在部队的各种总结、板报、发言当中我慢慢显露了文字方面的优势，更为有幸的是我被搞宣传的政治处干事看上。在他们的帮助下，我当上了连队的文书，并且在报纸上发表了一些短文。退伍后，我顺利地应聘进入了一家五星级的外资连锁酒店，成了中层管理人员。这以后我又考取了国家导游员资格证书，做了一名专职导游。这一切，我知道都源于那个非同寻常的满分。

然而，念书时在数学课上发生的事却让我有些懊恼。与语文一样，刚上初中时我的数学成绩也是很好的。教我们数学的是邓老师，他是一个很严厉的人，但因为我数学成绩好，所以深得他的喜爱。课余时间，我们还经常在一起打篮球。变化发生在一次普通的测验后，多少年过去了，我仍然对那天发生的事耿耿于怀，甚至认为我后来考不上高中也多少受了它的影响。

我有一个坏毛病，就是写字特别潦草，作业本上老师没少写这方面的评语。尤其是邓老师，在一些试卷上，他甚至给我扣卷面分。那次的数学课上，邓老师宣布测验的分数，我像以往任何一次一样，高兴地等着听自己的分数，可到最后也没有听到。我正疑惑时，邓老师说话了："我这里还有一份试卷，因为这个学生的字写得龙飞凤舞，老师看不懂，只能给个零分。希望这位同学吸取教训，不要因为平时学习好就有骄傲

第二章 白金规则：人所不欲，勿施于人

自满的思想，要认真对待学习。"那一刻，我一下子呆住了，再也没听进去老师后面的话。我在老师叫过我的名字后机械地上台取回我的试卷，那上面，一个红红的、大大的"0"十分刺眼。我感觉到教室里所有人的目光都落在我的身上，那个可恶的红圈仿佛正吞噬着我的灵魂，没有比这更丢人的了，我简直是无地自容。

这以后的数学课几乎成了我的噩梦，那天的情形一次又一次地在我脑中浮现。我不敢再接触邓老师的目光，下课后更是远远地躲开邓老师。到这学期结束的时候，我的数学成绩已落到了班里的下游水平。后来，严重偏科的我自然就没有考上高中。

现在回想，我知道邓老师其实还是喜欢我的。他那样做，只是想对我的老毛病来个当头棒喝，以期我能改掉，只是没有想到这一棒却对我造成了那么大的伤害。

学生生涯中的两件事，我感触颇深，深感人是一种需要自尊的动物，自尊是金啊！

在处世的时候，面对人和事，我们的手上总拿着满分和零分两个亮分牌。而我们应该做习惯亮满分的那个，这犹如送给对方比金子还贵重的礼物。

早就有人研究过，在赞扬和肯定的环境里成长的儿童会更聪明、更健康、更快乐。

二、怎样保护自尊——降低姿态

有一次，英国王室为了招待印度土著居民的首领，在伦敦举行晚宴，当时身为皇太子的温莎公爵主持这次宴会。宴会快要结束时，侍者为每一位客人端来了洗手盘，印度客人看到那精巧的银制器皿以为这是喝的水，就端起来一饮而尽了。作陪的英国贵族目瞪口呆，但温莎公爵神色自若，一边与众人谈笑风生，一边也端起自己面前的洗手水，像客人那样"自然而得体"地一饮而尽。接着，其他人也纷纷效仿，本来要造成的难堪与尴尬顷刻释放，宴会取得了预期的成功。

保护别人的自尊应该降低姿态，把人当人来看待、尊重。曾有人告诉我这样一个故事。在寒冷冬日的一天，少年家里来了挨家逐户卖唱的母女俩。母亲边弹三弦边唱歌，小女孩就随着歌声起舞。外面雪花纷飞，少年边吃零食边看她们表演。曲终，少年要将吃了一半的零食给那个小女孩。这时，在庭院里给牛套草鞋的少年的父亲突然跑过来，一下子将少年推倒在地上。

父亲向被吓得愣在一旁，不知如何是好的母女郑重赔罪，因为自己的儿子竟然失礼地将自己吃到一半的东西送给她们。父亲要少年赔礼道歉。

后来，父亲不但送给她们谷粮，还将少年手里整袋的零食交给小女孩，而对于跪在地上哭的儿子，瞧也不瞧一眼，径自干活去了。少年的父亲要少年以切身的体验，牢牢记住"人皆平等"这个道理。这位少年长大成人后始终铭记着父亲的这种爱心。

我还读过一篇文章，记述的是第二次世界大战期间一位德国老人的故事。

老人的家在农村，人烟稀少。有一天，一个身穿风衣、头戴礼帽、手提皮箱的男人在他家院子栅栏外徘徊。老人观察良久，然后走上前去对那人说："先生，您是否愿意帮我把栅栏里的这堆木头扛到那边的角落里去，我老了，扛不动了。"男人眼睛一亮，连声答应，脱去风衣，摘下礼帽，很卖力地把木头扛过去并摆放得整整齐齐。那天晚上，满头大汗的客人心情愉快地在厨房里与主人共进晚餐，然后又踏上了旅程。整个战争期间，城里逃难的人很多，老人家里的那堆木头无数次地被从院子的这头扛到那头，又从那头扛到这头，而每搬一次，就会有一个客人与他共进晚餐。

其实，那堆木头根本不需要搬动。

我的心被这个故事深深地触动了。这是在我成长的历程中、在我生存的环境里、在我习惯的文化和熟悉的同胞中很陌生的一种感情：当一个人有能力帮助他人时，却小心地把自身的优越感掩藏起来，降低姿态，给受助者创造一个机会，从而使他人觉得自己的受助是因自己的付出而得到的报偿，这是何等的仁慈啊！

第二章 白金规则：人所不欲，勿施于人

从这位老人的所作所为中，我感到了自己助人为乐意识的缺陷——还有什么比一厢情愿地"高尚"地助人更伤害受助者的自尊呢？

曾经不理解"嗟来之食"中那个齐人的所为，后来当老师时，我一边在课堂上给学生讲这个人多么有骨气，一边却暗暗觉得他真不聪明。读了德国老人的故事，我才顿时感受到宁死不受"嗟来之食"者的人格尊严。"嗟来之食"的故事有两千多年了，可两千年来，"嗟来之食"也好，"请来之食"也好，我们实在没有真正体会到人的尊严在其中的呐喊。

最近我身边发生了这样一件事。在一个不幸的家庭中，母亲重病卧床不起，父亲决定离开这个家，14岁的女儿没有跟父亲走，而是选择留下来照顾母亲。于是，电视台、报社找上门来要宣传她的事迹。在电视里我们看到，记者在不停地问，而孩子只是低着头一声不响，许久，她抬起挂满泪珠的脸说："你们别问了好不好，我不想说。"只要出发点是助人，其行为就是善举吗？把他人的痛楚、不幸以及自觉羞愧之处剥露在光天化日之下，高扬起自认为高尚、无私的爱心大旗去解除他们的困难，这其实是一种残忍，是无视他人尊严的残忍，是一种自私，是无所顾忌地炫耀自己高高在上优势的自私。

这样的事，我们遇到了很多：贫困生因接受了别人的资助，他们就必须感激，也必须比其他学生更优秀，更不能犯错误；对单亲家庭的孩子，任何一个好心人都可以不加掩饰地投以怜悯的目光，去同情他或关心他……

其实，有些人在慷慨地表示自己的关心时，只是在借助更渺小、更虚弱的人来衬托自己的高大。他们没有意识到，自己的优越感可能给别人带来心灵的伤害。

我们总是乐意帮助比自己差的人，俨然救世主施舍善意。而对他人的尊重，却很少装在我们心中。在不平等的关系中，尊严的贫血成了现代人的社会病，因此，许多人不懂不受"嗟来之食"者的痛苦。

助人可以给予心灵以温暖，但如不顾对方的心理感受，也可能深深地伤害别人，在他们心中永远种下卑微。

三、保护自尊的技巧——避免尴尬

当有人遇到一个常识问题无法解答时，千万别直接帮他，最好假装心不在焉地暗示他，不要让任何人知道。

许多年前的一个夏天，在一列南下的火车上，一位满脸稚气的男青年倚窗而坐，他要到南方去上梦寐以求的大学。他是农村孩子，一件崭新的白色半袖衫掩盖不住黝黑的皮肤。在此之前，他从没坐过火车。男青年对面的座位上，坐着一对母子。

车厢内闷热异常，男青年感到口渴难耐。"方便面、健力宝、矿泉水！"乘务员大声叫卖着。健力宝？男青年知道这是一种极奢侈的饮料。读高中时，班里有钱的同学才喝得起。如今，他要到外地上学了，衣兜里有了些许可以支配的零花钱。犹豫再三，他终于从衣兜里摸出一张皱巴巴的五元钱，递给乘务员，乘务员递给他一罐健力宝。

然而，男青年不知道如何开启这罐饮料。他把健力宝拿在手里，颠来倒去看了看。最后，他把目光定在了拉环的位置。迟疑了一会儿，他从腰间摸出了一把水果刀，企图在拉环的位置把健力宝撬开，撬了两下，发觉易拉罐的壳很坚硬，根本撬不动，便放下了手中的水果刀，又把目光盯在拉环处。这时，他听见对面的妇女对儿子说："童童，快把健力宝给妈妈拿过来。"小男孩说："妈妈，你刚喝过水，怎么又渴了？""快！听话！"妇女说道。小男孩便把手伸进了车窗旁边挂着的塑料袋中，取出一罐健力宝。

妇女把健力宝拿在手中，眼睛盯在拉环上，余光注视着男青年，只听"嘭"的一声，健力宝打开了。随之，车厢里又传出"嘭"的一声响，男青年的健力宝也打开了。妇女微微地笑了一下，喝了一口，就把自己的健力宝放在了茶几上，显然，她并不渴。

许多年后，男青年参加了工作，却仍对这件事记忆犹新。他感激那位善良的妇女。她为了不使他难堪，为了保护他的自尊，没有直接教他易拉罐的开启方法，而是间接地完成了这一过程。妇女的举动是一种小小的善，而这施善的小小技巧，却要有多大的爱心啊！

第二章　白金规则：人所不欲，勿施于人

当别人遭遇尴尬的时候，请务必回避一下，看到了也要装作没看到。

一天，富兰克林和年轻的助手一道外出办事，来到办公楼的出口处时，看见前面不远处正走着一位妙龄女郎。也许是步履太匆忙，她突然脚下一个趔趄，身体失去平衡，一下子跌坐在地上。富兰克林一眼就认出了她，她是一位平时很注重自己外在形象的职员，总是修饰得大方得体、光彩照人。助手见状，刚要迈开大步，上前搀扶，却被富兰克林一把拉住，并示意他暂时回避。于是，两人很快折回到走廊的拐角处，悄悄地关注着那位女职员的动静。面对助手满脸困惑的神情，富兰克林只轻轻地告诉他："不是不帮她，但现在还不是时候，再等等看吧。"一会儿，那位女职员就站了起来，她环顾四周，掸去身上的尘土，很快恢复了常态，若无其事地继续前行。看着那位女职员渐行渐远，助手仍有些不解。富兰克林淡淡一笑，反问道："年轻人，你难道愿意让人看到自己摔跤时那副倒霉的样子吗？"助手听后，恍然大悟。

我还发现有些特级教师，其"特"就"特"在呵护学生自尊的功夫上。

一所乡村小学好不容易才邀请到省特级教师来校讲一节公开课。

学校里的老师都没见识过特级教师。有的对特级教师不以为然，有的认为特级教师是凭关系混的，是靠年龄熬的……

特级教师来了，谁也没有料到竟是一个十分年轻美丽的女性。特级教师说，上课时她将随便走进一间教室。谁也没有想到她进了一个全校闻名的后进班。

上课铃响后，所有听课的教师都进了教室。这间教室的讲台上散落着乱七八糟的粉笔，桌面上铺着一层粉笔灰。特级教师用目光巡视一周后，迅速收拾好桌上散乱的粉笔，然后走下讲台，转过身去，面对黑板，轻轻吹去了桌上的粉笔灰。片刻的鸦雀无声之后，教室里响起了一片掌声。所有的教师、学生都用掌声给她的开场白打了最高分。

讲课时，她出了几道题让学生做，之后又讲解了这几道题的做法。讲完之后，她说："请做对的同学扬一扬眉毛，暂时没做对的同学笑一笑。"

所有的老师都知道了什么样的教师是特级教师。

另外，助人时不要无缘无故地赠送别人礼物，更不要让别人感到是刻意的帮助。

下面是一个外国小姑娘所做的一件呵护同伴自尊的小故事。

初春某个假日的下午，我在储物间整理一家人的冬衣。9岁的女儿安娜饶有兴致地伏在不远的窗台上向外张望，不时告诉我院子里又有什么花开了。

这时，我无意中在安娜的羊绒大衣两侧的口袋里各发现一副手套，两副一模一样。

我有些不解地问："安娜，这个手套要两副叠起来用才够保暖吗？"安娜扭过头来看了看手套，明媚的阳光落在她微笑的小脸上，异常生动。

"不是的，妈妈。它暖和极了。"

"那为什么要两双呢？"我更加好奇了。

她抿了抿小嘴，然后认真地说："其实是这样的，我的同桌翠丝买不起手套，可是她宁愿长冻疮，也不愿意去救助站领那种难看的土布大手套。平时她就敏感极了，从来不接受同学无缘无故赠送的礼物。妈妈买给我的手套又暖和又漂亮，要是翠丝也有一副这样的手套就不会长冻疮了。所以，我就又买了一副一模一样的放在身边。如果装作因为糊涂而多带了一副手套，翠丝就能够欣然接受我的手套了。"孩子清澈的双眸像阳光下粼粼的湖水。

我欣慰地走到窗边拥抱我的小天使，草地上一丛丛兰花安静地盛开着，又香，又暖。

第二章 白金规则：人所不欲，勿施于人

第十五节　同情宜尊

心灵礼仪导航

> 施爱的最高原则是保持受施者的尊严，而这恰恰是我们当今慈善事业所忽略的。当我们的帮助无意中损伤了受施者的自尊时，物质上的给予还有何意义可言？给人以物质，更要给人以尊严。当我们的给予，有可能伤到别人自尊的时候，最好运用一下智慧妥善处理。否则，请选择退却，因为做人的尊严是任何东西也取代不了的。

一、同情时为什么更要尊重——人的尊严无价

捐助者最好低调一点。媒体如果直白地把受施者曝露在大众面前，对受施者而言就是一种伤害。

这几年，有关儿童慈善事业的电视节目特别流行，这本是好事，可看多了，就会发现这些节目形式多有雷同，无非是让主持人当场介绍捐助双方的姓名、职业、年龄乃至住址之后，再让捐助者走上台将一沓沓厚薄不一的人民币放到台上受捐助的孩子手上。通过电视屏幕，我们可以看到周围观众的笑脸、不停闪动的灯光，也看到了纯真但十分紧张的孩子。最后，热心的主持人还把话筒凑上去问这些孩子有何想法，回答正是人们所期望的那些"好好学习，天天向上，以报答大家的期望"之类的，不由得催落观众的几滴眼泪。结局是感人的，圆满的。可是，不

知是否有人注意到整个过程中那些受捐助的孩子站在台上的局促不安以及扭捏的神情呢？

在这里，我无意怀疑主办方的初衷，只是觉得这样一种在众目睽睽之下过于直白的捐助形式会令当事人陷入一种非常尴尬的处境。的确，捐助本身是可贵的，却在无形中造成了双方的不平衡。那些可怜的孩子的表情，不正好说明了这一点吗？因为他们是社会家庭中的一员，所以善良的人们想伸手帮他们一把，于是有了慈善事业。可是请别忘记，善良、同情的最高原则是保持受施者的尊严，而这恰恰就是我们当今慈善事业所忽略的。是的，我们帮助了他们，奉献了我们的爱心，尽了自己的一份责任，可有谁能去考虑一下他们的感受呢？

2011年，被称为大陆"首善"的慈善企业家陈光标"赴台慈善爱心之旅"抵达第一站新竹县政府，他当场送给新竹县政府657万元（新台币，下同），转发给315户低收入户每户1万元红包。有人认为他的做法过于高调。陈光标说，他是抱着感恩的心来到台湾的，他就是希望高调，希望有更多人响应，让大家做好人、做好事。

台湾著名民间慈善家陈树菊平时生活非常节俭，迄今为止，她以自己卖菜的微薄收入默默向各类机构捐助了近32万美元的善款。2010年，陈树菊登上美国《时代》周刊"全球百大最具影响力人物榜"。

马英九出席一个仪式时，当被问到陈光标和陈树菊行善做法大不相同、行善到底是低调好还是高调好的问题时，他表示，"行善可不高调，扬善不可低调"，行善方式并无孰是孰非，但要注意受赠对象的尊严。

由此，我想我们的慈善事业的捐助形式可以改变一下，不仅要给予物质、表达温暖和同情，更要给人以尊严。

二、如何尊重弱势群体——用智慧帮助更多人拥有尊严

不要让那些穷苦的孩子感到他们是在接受救济，因为施舍的最高原则是保持受施者的尊严。

纽约的冬天常有大风雪，扑面的雪花不但令人难以睁开眼睛，甚至在呼吸时都会吸入冰冷的雪花。有时前一天晚上还是一片晴朗，第二天

早上拉开窗帘，才发现已经积雪盈尺，连门都推不开了。

遇到这样的情况，公司、商号常会停止上班，学校也通过广播宣布停课。可是令人不解的是，唯有公立小学，即使那雪已经积得难以举步，却仍然开放。只见黄色的校车，艰难地在路上行驶接送学生，老师则一大早就小心翼翼地开车去学校。

这是多么令人惊讶呀！犯得着在大人都无须上班的时候还让孩子去学校吗？公立小学的老师也太倒霉了吧？

于是，每逢大雪而小学不停课时，都有家长打电话去质问。奇怪的是，每个打电话的人，反应都一样——先是怒气冲冲地责问，然后满口道歉，最后笑容满面地挂上电话。原因是，学校告诉家长：在纽约有许多百万富翁，但也有不少贫困的家庭。后者白天开不起暖气，供不起午餐，孩子的营养全靠学校的免费午饭（甚至可以多拿些回家当晚餐），学校停课一天，穷孩子就要受一天冻、挨一天饿，所以老师们宁愿自己苦一点，也不愿意停课。

或许有家长会问：何不让富裕家庭的孩子在家里，让穷苦家庭的孩子去学校享受暖气和营养午餐呢？

学校的答复是，他们不愿让那些穷苦的孩子感到自己是在接受救济。

英国的施善者认为，帮助弱势者又让他们保持尊严的最好方法，是让他们感觉到自食其力。

《大议题》是帮助英国游民和失业者的一份杂志。这份杂志每本1英镑，只有游民和失业者才有资格销售。消费者向这些人购买一本杂志，其中70%的费用将用于帮助这些居无定所的人。

我的一位朋友每次到英国，一定会买一本《大议题》，十几年来从未改变。他说，向游民和失业者购买《大议题》，是对他们的帮助和尊重。

这位朋友的话，令我微微吃惊。从前，我对这些叫卖者总是心存恐惧或戒备，不敢也不愿接近。后来，我的胆子大一些了，但每次花1英镑买一本杂志多是出于同情。老实说，我从未想到"尊重"可以和这些人、这本杂志联系在一起。

有一天英国女王伊丽莎白二世出巡时，也掏出1英镑向一名年轻的街头游民买了一本《大议题》。女王告诉这位年轻游民，《大议题》具有资讯性，而且"做得很好"。女王的举动令这位已经流浪街头 3 年的年轻人和其他卖《大议题》的游民大受鼓舞。他们虽然每周大约只有 20 英镑到 50 英镑不等的收入，生活远不如接受英国政府的社会福利补助好，但他们对于自己可以因此谋生，不沉沦于生活失意中而感到自豪。

"那天，我卖给女王一本《大议题》"，成了英国街头游民间流传的故事。伦敦仍随处可以看到流落街头的游民和失业者，但在《大议题》的叫卖声中，这些失意者至少发现了不致成为失败者的空间，获得了保持尊严的机会。

三、尊重弱势群体的技巧——默默自然

孩子的爱心是可贵的，如果他的能力不够，就请默默地帮帮他，几块钱就能使他的爱心放大。以下讲述的就是这样一个动人的故事。

住院那段时间，我时常到医院附近走走，既是散心，也是锻炼。

医院坐落在城乡接合处，出医院向右拐，行约数十米，是一家小食品店。食品店的门面约十米长，开架供货，顾客可以走到店堂里挑选。老板是个五十多岁的男人，一口江西口音，和和气气的，给人很容易接触的感觉。散步时，我时常到店里来看看，与老板说说话。

也许是人流少的缘故，每次我到店里来，总觉得生意蛮冷清的。老板常穿一套不合时宜的灰色西装，花领带与衣服不很相配，系得也不好，时常歪在一边。去的次数多了，老板有时就跟我诉苦：租金高，客人太少，生意难做。尽管如此，他的脸上始终是平和的。

出院前的一天，我又到了他的店里。老板在整理货架。店堂里，只有一个小女孩，默默地站在货架前。她看上去只有五六岁，瘦瘦的，穿一身碎花的衣裤，头发有些蓬乱，好像几天没梳理过了。她正看着，老板过来，弯腰问小女孩："小朋友，看好了吗？要买什么？"

小女孩转过身，怯怯地，忽闪着一对大大的眼睛，张张嘴，没说话。

老板和善地对她说："你先看吧。"回头轻声告诉我："她家里有人在

住院,她常来,但从没买过东西。"看到他这样友善地对待一个不买东西的小女孩,我说:"你人不错。"正说着,小女孩似乎选定了物品,问:"这能买吗?"

小女孩手指的,是一排罐头,既有鱼罐头,也有肉罐头。老板走过去,俯身问:"鱼罐头,还是肉罐头?"

"鱼。"小女孩轻声说。

"你买这鱼干吗?活鱼营养好。"我说。

"妈妈病了。我们是山里的,妈妈没吃过海鱼,我想让妈妈尝尝。"

小女孩的话语,让我感动。老板显然也被感动了。他问:"你想买哪种?"

"不知道钱够不够。"小女孩说。

我抢着说:"你别管钱够不够。你说,想要哪种?"

"我想要这个和那个,"小女孩用手指了指两种鱼罐头,"可钱,好像不够……"

她指的罐头,一种是凤尾鱼,另一种是豆豉鱼,标价分别是七元三角和五元三角。

小女孩一边说,一边从裤袋里抽出手,张开。她那只小小的手里,躺着六枚硬币:一枚一元的,两枚五角的,一枚一角的,一枚五分的,一枚一分的。硬币上,黏着孩子的汗水,还有一些泥垢。

这才多少钱呀!可对于一个山里的孩子,对于一个母亲病着的孩子,这些钱,就是她全部的积蓄和财富了。

我把手伸向了自己的口袋。老板用手势制止了我,轻声对我说:"别伤了孩子。再说,还用得着你来?"他笑对着孩子,张开手:"来,给我,我数数,看够不够。"

他接过小女孩手中的钱,一枚一枚地数,还很认真地计算着。算完,他高兴地抚摸了一下小女孩的头,说:"你真行,钱刚刚够,一分不多,一分不少!"说完,他从货架上取下了一罐凤尾鱼和一罐豆豉鱼,用塑料袋装起来,交到孩子手里,说:"好孩子,快去,给妈妈送去吧。"

此后不久，我就出院了。

打那以后，三年多了，我再没见过那个小女孩，也没再见过那个老板，可我终究忘不了这件事。从那孩子和老板的举止中，我知道了什么叫善良，对如何做人也有了更深的理解。

第二章 白金规则：人所不欲，勿施于人

第十六节　尊重选择

心灵礼仪导航

每个国家都有自己最基本的道德信条。据说,历史上欧洲曾有人编写过一本关于绅士行为规范的书,其中有一条是"不妨碍别人"。如今,这一信条已经内化到了西方人的骨髓里。这一信条扩展开来就是"尊重别人的选择",这种信念奠定了西方平等自由思想的基石。随着全球化的发展,这一信条将会成为全人类共同遵守的行为规范。

一、为什么要尊重别人的选择——选择权即人权

"人所不欲,勿施于人",这不仅符合人性,更符合人权。人不要以自己的喜好而为别人做选择,不侵犯别人的选择权,是对别人权利的尊重。

一位美国官员到我国南方某城市旅游。陪同人员说:"今天我们去郊外游览一座古庙。去时走一条路线,回来走另一条路线,因为两条路线风景不同。"这位官员很满意这样的安排。到古庙玩了许久,返回时,这位官员发现走的仍是去时的路线,很不高兴。陪同人员解释说:"你玩得太累了,另一条路线太绕,要多半个小时的路程,所以我们走的还是来时这条路。"谁料这位官员听后很恼火,认为陪同人员对他不尊重。陪同人员也很气恼,认为这个美国人不懂好意。回来后,同去的另一位外国

人对陪同人员说:"你不知道美国人的习惯,事先定好的,他们不喜欢随便更改。如果要改,也应当与他商量,把两种办法都告诉他,由他自己选择。他们不愿意别人替他们选择。"

这是由于观念不同造成的误会。西方人重个人意志,事事由自己选择和决定;东方传统重官方意志,便寄厚望于父母官的裁定。对西方人来说,选择权是他最重要的权利之一。他们的个人选择权限很大,如对居住地的选择,对工作的选择;大学生学习科目由自己任选,凑足学分便能毕业;教授开什么课也由自己决定,他的想法可能挺怪,但别人不能干涉他,除非没人听他的课,他才会进行自我调整;等等。做什么任由自己选择,成败听其自然。这样,个人志趣发挥的机会便多,合理的人才调动自然也用不着由一些半懂不懂的人一连盖七八个图章。

由这一观念出发,他们认为,不侵犯别人的选择权,是对别人权利的尊重。而中国人与他人研究日程安排时,总是客气地说:"很好很好,都行都行。"即使心里不满意,也不好意思说出来。中国人勉强自己,一部分原因就是由别人代替自己选择已经习惯了。

如果与别人同做一件事,商量好了,就不能说变就变。你要重新选择,就势必构成对别人选择权的侵犯。这在西方的人际交往中是绝对犯忌的,如失信、失约、说了不算等行为,不只说明一个人的人品有问题,而且也侵犯了别人的权利。

有一次,我在爱荷华公园见一妇女拿一件风雪衣与一个四岁的小女孩说话,表情着急又认真。我过去一听,原来这位妈妈拿着的这件衣服一面是绿的,一面是红的,她要孩子自己确定是红的朝外还是绿的朝外。后来小女孩决定红的朝外,穿上后,两人快乐地走了。妈妈似乎比女儿还快乐,因为孩子能自己做选择了。选择是我的权利——这一观念西方人从儿时起就深入心灵了。

以下是一个关于尊重别人的选择权而自己受益的故事。

年轻的亚瑟王被邻国的士兵抓获。不过,邻国的君主被亚瑟王的年轻和乐观所打动,没有杀他,并承诺只要回答出一个非常难的问题,就可以给他自由。亚瑟王有一年的时间来思考这个问题,如果一年之后还不能给出答案,他就会被处死。

这个问题是,女人真正想要的是什么?

这个问题连最有见识的人都困惑难解,对于年轻的亚瑟王来说,这简直是一个无法回答的问题。但回答问题总比死亡要好得多,亚瑟接受了国王的要求——在一年的最后一天给出答案。

亚瑟王回到自己的国家,开始向每个人征求答案,公主、妓女、牧师、智者、宫廷小丑……他问了所有的人,但没有人可以给他一个满意的回答。有人建议他去请教一个女巫,她或许知道问题的答案,但同时也告诉他,女巫的收费非常高,她昂贵的收费在全国是有名的。

一年的最后一天到了,亚瑟王别无选择,只好去找女巫。女巫答应回答他的问题,但他必须接受她的交换条件:她要和亚瑟王最高贵的圆桌武士之一,他最亲近的朋友——加温结婚。亚瑟王惊骇极了,看看女巫:驼背,丑陋不堪,只有一颗牙齿,身上发出臭水沟般难闻的气味,而且经常制造出难听的声音。亚瑟王拒绝了,他不能强迫他的朋友娶这样的女人。

然而,加温知道这个消息后说:"我同意和女巫结婚,没有比拯救亚瑟的生命和保存圆桌会议更重要的事了。"于是,女巫回答了亚瑟王的问题:女人真正想要的是主宰自己的命运。

每个人都立即明白了女巫说出了一个伟大的真理,亚瑟王的生命被解救了。

来看看加温和女巫的婚礼吧!这是怎样的婚礼呀?亚瑟王在无法解脱的极度痛苦中哭泣。加温一如既往的谦和,女巫却在婚礼庆典上表现出最糟糕的行为:她用手抓东西吃,打嗝,放屁,让所有的人感到恶心、不舒服。

新婚的夜晚来临了。加温坚强地面对可怕的夜晚,走进新房。没想到,一个他从没见过的美女正半躺在婚床上。加温惊呆了,问她到底是怎么回事。美女回答,因为当她是个丑陋的女巫时加温对她也非常好,于是她决定在白天呈现丑陋的一面,夜晚呈现美丽的一面。

美女又问加温:"你想要我在白天做美女夜晚做女巫,还是夜晚做美女白天做女巫？"

多么残酷的问题呀！

如果你是加温，会怎样选择呢？

人们的选择也许五花八门，但归纳起来不外乎两种：一种选择白天是女巫，夜晚是美女，理由是妻子是自己的，不必爱慕虚荣，苦乐自知就可以了；一种选择白天是美女，夜晚是女巫，因为可以得到别人羡慕的目光，至于晚上，可以在外作乐，回到家里，妻子美丑都无所谓。

但是加温经过思考，却没有做任何选择，只是对他的妻子说："既然女人最想要的是主宰自己的命运，那么就由你自己决定吧。"最终女巫选择了白天、夜晚都做美丽的女人。看来，不做选择，尊重别人的选择，反而是最好的选择。

二、如何尊重别人的选择——尊重少数派的意见

传播学家诺利·纽曼创立了"沉默的螺旋"理论，认为公众在接受一个公众议题时一般会判断自己的意见是否与大多数人站在一边，如果他们觉得自己站在少数派一边，他们就会倾向于保持沉默。他们觉得与主导舆论相去越远，就越会保持沉默。这种使优势意见越来越占优势，少数派越来越沉默的现象就被称作"沉默的螺旋"。

"沉默的螺旋"理论强调了大众媒介在影响公众意见方面的强大作用。报纸、杂志、电视对某一议题的宣扬在大众中会产生所谓的共鸣效应，这种共鸣是排他性的，从而使优势意见越来越成为压倒性意见。

但问题是，历史常常表明，优势意见并非总是对的和符合大众利益的，有时可能符合当前利益却牺牲了长远利益。最明显的例子就是经济增长与环境保护、新城规划与旧城保护之间的矛盾。多年前，梁思成等人提出保护北京古城、另建新城的提议，却没人理睬。现在北京人被封堵在以紫禁城为圆心的环线上，在高峰时段，这座新旧格局混杂的城市就变成了一个巨大的停车场。后来，人们总结出一个道理，叫"决策的失误是最大的失误"，但集体为失误埋单之后我们仍未习惯倾听少数派的声音。

经济学家茅于轼反对滥发彩票。他认为，买彩票带有赌博性质，容易使人产生不劳而获的思想。一些人怀着侥幸心理，以为花几元钱就可以赚上百万元，至于中奖的概率是多少则不去考虑。

作家叶兆言反对解禁燃放烟花爆竹。他认为不能把放鞭炮和文化搅在一起，这种"泛文化"的思考方式很可笑，相对于每年被炸死、炸伤的人，这种"泛文化"不值得提倡。

诗人于坚反对现代科技，反对全球化。他说："本来嘛，步行，一万个人有一万个走法，速度、体态、目的地都不一样，一旦电梯化，还有什么细节上的不同？"

房龙曾说，宽容是一件奢侈品，购买它的人只会是智力非常发达的人。不宽容者坚信多数即正确，然而他们往往错了。少数派是我们这个时代的稀缺资源，所以要加以保护。

如果将社会当作一个生命有机体，那么"我反对"就是它必不可少的免疫系统。过去，人们一直无知地以为，人身体上的淋巴、腮腺、盲肠等是只会惹麻烦的、可有可无的器官，属于造物的败笔。然而生命科学家告诉我们，它们其实是人体免疫系统的一部分，除掉它们，整个机体将降低对病毒侵害的抵御能力。

少数派就是这样一种系统，能让社会在行动时保持一种提醒状态。长久以来，我们不习惯在争论中前行，什么都要统一思想后才放心齐步走。我们一向缺失的是对少数派的尊重和保护。

其实，保护少数派就是保护我们自己。我们珍视少数派的价值，珍视并保护少数派提出异议的权利，就是珍视并保护我们的未来，使社会拥有自愈能力。你说得对，我们就照你说的办；你说得不对，我们也耐心听。我们会不断提醒自己：万一你说的是对的呢？

如何跳出沉默的螺旋？唯一的出路就是尊重少数派，聆听反对者的声音。

三、尊重别人选择的技巧——不评价，不强求

什么是世界上最好的东西？你自己最喜欢的东西就是最好的。

有一个青年得了一种怪病：他终日闷闷不乐。一天，他去拜见一位智者以讨求良方。智者说："只有世界上你认为最好的东西才能使你快乐。"这个青年看了看身边，没有发现世界上最好的东西，于是决定去寻找。

　　他收拾行装，辞别妻儿老小，踏上了漫漫旅途。

　　第一天，他遇见了一位政客，他问："先生，您知道世界上最好的东西是什么吗？"政客官腔十足地说："世界上最好的东西嘛，是至高无上的权力。"他想了想，觉得权力对自己并没有多大的诱惑力。于是他又去寻找。

　　第二天，他遇见了一个乞丐，他问："你知道世界上最好的东西是什么吗？"乞丐眯着眼睛，懒洋洋地说："最好的东西？就是色香味俱全的美味佳肴呀。"他想了想，自己对食物并没有多大的渴望，所以这也不是世界上最好的东西。

　　第三天，他遇见了一个女人，他问："你知道世界上最好的东西是什么吗？"女人兴高采烈地脱口而出："当然是法国巴黎高档而漂亮的时装了！"他觉得自己对时装也不感兴趣。

　　第四天，他遇见了一位重病的人，他问："你知道世界上最好的东西是什么吗？"病人恹恹地说："那还用问吗？是健康的体魄。"青年想："健康怎么会是最好的东西呢？我每天都拥有，但是我不认为它就是世界上最好的东西。"

　　第五天，他遇见了一个在阳光下玩耍的儿童，他问："你知道世界上最好的东西是什么吗？"儿童天真地说："是好多好多的玩具。"青年摇了摇头，继续去寻找世界上最好的东西。

　　接着他又先后遇到了一个老妇人，一个商人，一个画家，一个囚犯，一个母亲和一个年轻的小伙子。

　　老妇人说："年轻是世界上最好的东西。"

　　商人说："利润是世界上最好的东西。"

　　画家说："色彩是世界上最好的东西。"

　　囚犯说："自由自在是世界上最好的东西。"

第二章　白金规则：人所不欲，勿施于人

母亲说:"我的宝贝孩子是世界上最好的东西。"

年轻的小伙子说:"我爱过一个姑娘,她脸上那灿烂的笑容是世界上最好的东西。"

唉!没有一个回答令他满意。

他继续走啊走啊。最后,他穿过川流不息、熙熙攘攘的人群,带着五花八门的"答案"回到了智者那里。

智者见他回来了,似乎知道了他的遭遇和失望,于是捋着花白的胡须说:"先不要去寻找这个问题的答案,它永远不会有一个确切而唯一的答案。你把你现在最喜欢的东西和情景找出来,告诉我。"

青年经过长途跋涉,已是饥寒交迫、蓬头垢面了。他想了一会儿,对智者说:"我出门很多天了,我想念我亲爱的妻子和可爱的孩子,想念一家人冬夜里围着火炉谈笑聊天的情景……"说到这里,他不由得感叹,"那是我现在最喜欢的画面啊!"

智者拍了拍他的肩膀,说:"回去吧!你最好的东西在你的家里,它可以使你快乐起来。"

青年不甘心,疑惑地问:"可我就是从那里走出来的啊!"

智者笑了,说:"你出来之前,不知道自己喜欢什么东西;你出来之后——比如现在,你已经知道自己喜欢什么东西了。"

是啊,在这个世界上,最好的东西就是我们喜欢的东西。不管它是你拥有的,还是未曾拥有的;不管它是复杂的,还是简单的;不管它多么便宜,或多么昂贵。只要是你最喜欢的,那它就是世界上最好的。

而在情感方面,无论是朋友还是爱人,都应了解彼此所能容忍的临界点。在遇到矛盾时,首先要尊重别人的选择。

有人问美国著名主持人、百万畅销书作家罗伯·舒乐博士,是如何在意见时常相左的情况下,成功地维系35年的婚姻的。舒乐博士愉快地回答说,这其中有妻子一大部分的功劳,他详细列出聪慧的妻子为他们的爱情特制的"尺子",以及"尺子"上在意见不合时用来测量这种不合程度的10个刻度(以下10项不赞同的程度逐渐增加)。

1. "我没有兴趣,但是假如你想做就去做吧!"

2. "我认为不好,但有可能是我错了,所以你就去做吧!"

3. "我不赞成,我确定你是错的,但是我还是可以接受,去做吧!"

4. "我不赞成,但是我会保持沉默,让你照你的方法去做。以后我会照我的意思改变它。"

5. "我不赞成,我也不能够保持沉默。我爱你,但是我还是要告诉你我不同意。如果你听到我有与你不同的看法,不要觉得我是跟你过不去。"

6. "我不同意,我建议我们暂缓行动,直到我们两个都能冷静并理性地重新评估我们的处境。给我一些时间。"

7. "我坚决反对。这是一个错误——耗费金钱、不易修正,我很坚决,我不能也不会同意你的意见。"

8. "我的答案是不!假如你这么做的话,我会非常沮丧,而且我无法预测我的反应将会怎样。"

9. "绝对不行!假如你要这么做,我告诉你,我不干了!"

10. "不——不——不!除非我死!"

舒乐博士说,在这35年当中,他和妻子意见不合的程度从不会超过"6"。当他觉得自己变得沮丧的时候,就会说:"亲爱的,这就是'6'!'6'代表着我非常非常爱你,但我不知道我们之间到底怎么了,所以让我们冷静下来想一想,也许一两个月后我会同意的。但是我今天没办法同意你的看法,给我一些时间来想想你的看法,体会一下你的感受。"

"朋友能够给你忠告,他们能够分享你的意见,但是他们不应该替你做决定。你是唯一能做决定并为结果负责的人。"舒乐博士说,无论对于爱情还是对于友情,这"6"的临界点都是值得参照的。

四、尊重别人选择的基本要求——不妨碍别人

不妨碍别人,是一种发自内心的对他人的尊重。也许有时不符合行为礼仪,但这是最基本的心灵礼仪。

前些天听一位教师讲起一桩事情,令我的心受到了触动。

有一次,他陪同一位外籍教师去学校图书馆参观,图书馆阅览室里

座无虚席，同学们都在安安静静地看书。两人往里面走了几步，那位外籍教师却突然站住不走了。他奇怪地问外籍教师怎么了，并做出邀请继续往里走的手势。要知道，这所大学的图书馆是以历史悠久、建筑宏伟、环境幽雅而著称的。学者们来这所大学，几乎都要参观这个著名的图书馆。

而那位外籍教师却仍然站在原地不动，只是指了指自己的脚，摆了摆手，又朝周围正在埋头学习的学生看了看。他还没明白过来，只见外籍教师突然蹲下身去，迅速地把自己脚上穿着的皮鞋脱掉了，然后把皮鞋拎在手里，脸上浮现出心安理得的轻松神情，光着脚继续往里走。原来他是担心自己穿皮鞋走在木地板上发出的声音干扰学生的学习。

那位外籍教师赤脚行走在图书馆阅览室的小细节打动了我。从这个似乎有几分"狼狈"、不那么有"尊严"的举动中，我看到的不仅仅是一种面对历史人文遗留物的可爱的谦卑，更是一种发自内心的对他人的尊重。

不妨碍别人，是西方行为规范的底线。西方人把自身在公众场合的形象看得很重，把它看作有没有教养的一个标志。所以，他们不在公众场合大声说话，包括打手机。我们或许会感到奇怪：我打我的手机，碍着别人什么了？他们却认为，并不是人人都喜欢听你的私人谈话的，你一定要别人听，就是妨碍别人了。有一年，悉尼的白人聚居区有一个华人拉二胡卖艺，本来是平常的事情，而且完全合法，但有居民报了警，说那声音像锯木头似的，令人不舒服。警察为难了，和那位华人商量："您能否到能接受您艺术的地方去表演？"

注意自身的形象，应先从"不妨碍别人"做起，并且教育自己的孩子也这样做。大家一起行动，来营造一个君子之国的氛围。

第十七节 救助精神

心灵礼仪导航

> 精神是人类的灵光。精神对于人类，就像花朵对于植物，都是最美的部分。贫困者也有其精神世界。因此，对贫困者真正的救助是精神的救助，不仅要帮助其克服自卑，增加自信，更要帮助其建立自尊，拥有精神生活。贫穷并不可怕，可怕的是心灵的破碎。

一、为什么要救助贫困者的精神——只有精神才能战胜贫困

所有人都有其精神世界，就像所有的草都开花。请看一位农村校长是怎样培养学生的精神世界的。

那时我们还居住在深山里的乡下，我还是个十五六岁的孩子。春天，小草刚露出它们嫩嫩的芽尖时，老师告诉我们，学校准备组织我们搭车到百里外的县城去参加作文竞赛。我们一听又兴奋又担忧，兴奋的是我们能够坐上大汽车去县城里看看，担忧的是我们这群山里的孩子，作文能赛过城里的学生吗？

头发花白的老校长看出了我们的忧虑，他说："你们常常上山下田，谁能说出一种不会开花的草？"

不会开花的草？蒲公英是会开花的，它的花朵金黄金黄的，秋天时结满了降落伞似的小绒球；狗尾草是会开花的，狗尾巴似的绿穗穗就是

它的花朵；就连那些麦田里的荠荠草也是会开花的，它的花洁白，有米粒那么大，像早晨被太阳镀亮的一颗颗晶莹的露珠。

我们想来想去，把每一种草都想遍了，可是谁也没有想出有哪一种草是不会开花的。我们想了半天都摇摇头说："没有一种草是不开花的，所有的草都会开出自己的花朵。"

老校长笑了，说："是的，孩子们，每一种草都是一种花。栽在精美花盆里的花是一种草，而生长在田地边和山野里的草也是一种花啊。不论生活在哪里，你们和其他人一样，都是一种草，也是一种花。记住，没有一种草是不会开花的，再美的花也是一种草！"

几十年过去了，当我从深山里的乡下走进都市里的大学时，当我从乡下青年成为缤纷城市里的一员时，当我面对一束束色彩艳丽的鲜花和一次次雷鸣般的掌声时，我从不自卑，也从不浮躁。我总会想起老校长的那句话——没有一种草不会开花，而每一种花也是一种草。

在大学里，学生对贫困生的印象是怎样的呢？

在校园中采访，我随意问起贫困生的问题，学生们的回答简单而干脆。

"贫困生就是那些负责打扫楼道、教室的人。"

"不爱说话，不太合群，喜欢闷头做事，低头走路。"

"不大愿意和人交往，独立性较强。"

"学习特别刻苦，干活特别卖力，不爱抛头露面。"

"不太了解他们，接触机会太少，但感觉他们比较敏感，尤其不愿谈钱。"

在老师的印象里，贫困生又是怎样的呢？

教师甲说："和贫困生讲话得特别委婉，因为他们既要强又敏感，除非遇到了特别难解决的问题，否则他们一般不愿来找我。"

教师乙说："那些孩子都特别能吃苦，很少抱怨。对于那些勤工助学的工作，他们都完成得很好，可就是不大愿意与人交往。"

在大多数人眼里，贫困生自卑、抑郁、偏激、敏感，对金钱既重视又鄙视。有调查结果表明，76.3%的贫困生认为贫困对学业形成有较大影响，54.3%的贫困生感到沉郁压抑，32.4%的贫困生觉得羞愧难当。心理状况直接影响到学习状况，贫困生的学习状况呈两极分化，少数成绩优异，多数成绩中等或偏下。

一位贫困生说，很多时候，他发现同学们说的话题自己根本插不上嘴，知识面和生活背景的差异太明显了，久而久之，就有一种不被接纳的感觉，自卑感也更加严重了。先天的生活差异，后天的人为隔离，有意无意中，贫困生在走向孤独。

造成贫困生心理障碍的原因是多方面的。

复旦大学的一位老师回忆贫困生补助发放过程时说："由于款额有限，申请人众多，只好召集大家开会，请他们分别陈述自己的困难。每当这时候气氛别提多压抑了。一屋孩子，头一个比一个低，屋里静得可怕。我也不愿逼他们，可总得有个解决办法呀！许多学生第一次来，第二次就不来了，宁愿自己去承担一切。善良的本意却使学生感到了将隐私公布于众的痛苦。"赤裸裸地当众袒露隐私，的确是件十分痛苦的事。虽说贫困不是谁的错，但是它毕竟不是件光彩的事。一位主管学生工作的老师说："在跟贫困生打交道的过程中，我越来越感觉到现在的工作方法和学生的接受能力之间有所矛盾。现在的学生自尊心都太强了，而我们的工作方法又有点生硬和直接。"据了解，大多数高校的帮困工作都采取申请、审查、通过的步骤，经过层层传达，弄得尽人皆知。有时，由于操作方式不当，如班干部在班上大声宣布："×××，下午去开特困生会议。"目光一时间全部集中在那个人身上，于是，有意无意之间，伤害就造成了。

除了外界因素的影响，贫困生自己也在制造着障碍。一位贫困生的室友说："他从来不参加我们讨论的任何话题。一开始可能因为不熟悉，但时间长了，便觉得他是不屑于和我们讨论了。以至于后来想说话都找不到话题了。"自闭导致误解，误解加深则更难以沟通，这是个恶性循环，也是个情感怪圈。

有时候，在关键处，只要有人拉一把，指点迷津，当事人可能就会豁然开朗。可是大多数高校虽设有勤工助学中心，但很少有心理咨询中心，即使有，一般也形同虚设。所以贫困生缺少一个心理疏通和情绪疏导的空间，这也是造成贫困生心理负担沉重的因素之一。

我们救助贫困生的制度、方式能否人性化一点？贫困生自己能否大气一点？

二、如何救助贫困者的精神——自救是关键

近年来，由于大学生整体的心理健康受到了社会各界的重视，贫困生这一特殊群体同样也引起了学校的注意。云南师范大学就设立了贫困生档案，把贫困生的一些基本情况收录其中，根据个人特点，不定期地举行各种心理咨询活动，解决疑难问题。其他一些高校受到启发也改进了工作方法，把原来的行政命令逐级下发改成了师生单线联系，既有利于开展工作又照顾到了学生的自尊心。现在高校普遍推行的方法是为贫困生找一些力所能及的工作，如在学生处帮忙，由老师帮助联系家教等。这样既锻炼了学生的实践能力，也使贫困生享受到一种获取劳动报酬的满足感，而不是像原来那种伸手接钱的受施舍感。

精神的救赎可以来自多方面，而真正能拯救自己的还是自己。

针对多数贫困生情绪压抑的现状，心理健康指导中心的人士指出："疏通渠道的扩展可以有效舒缓情绪。比如，打破封闭的自我环境，多参加自己感兴趣的活动，交几个志同道合的朋友，尝试和别人分享喜忧等许多方式都可以让人找到生活的愉悦感、满足感。"在大学这样的环境里，充满着文化气息和人文精神，任何人都有权利、有机会去施展才华、张扬个性。重要的是，自己得先打开一扇心窗，然后才会看到窗外四季的风景。

有一句话说得好："真正能拯救自己的人是自己。"学校、老师、同学都可以影响到贫困生的心理状态，但最根本的还是贫困生对自己的心理状态的调适。贫困生既不能对外界援助期待过多，也不能有过强的依赖心理。资料显示，造成贫困生出现心理障碍的因素中，贫困生的自身因素占了很大一部分。自我封闭，逃避交流，自怨自艾甚至怨天尤人，这些因素极易将贫困生的心灵世界与外界隔离。

贫困，不是谁的错误，它与整个国家的现状和时代发展是相联系的。正确地看待它，把它作为奋斗的基石而不是绊脚石才是最明智的。积极的心态来自于对贫困、对生活的正确认识。一个人可能改变不了别人的看法，那就用行动去证明自己，用成绩去找回尊严和尊重。

贫困一直是一个很沉重的话题，就像贫困生的生活一样。生活的磨难对于他们来说也许出现得太早，但既然无法逃避，那就只有坚强面对，真正能拯救自己的只能是自己。

三、贫困者的精神更可贵——尊重、敬重

一个人无论多么贫穷，只要为了精神的需求而努力，那就是可贵的。

1952年，美国著名小提琴家梅纽因到日本演出，听说有一个擦鞋童为了听他的音乐会，想方设法凑钱买了一张最便宜的票。谢幕后，梅纽因穿过了贵宾席上社会名流的盛情簇拥，径直来到低档席，找到了那位擦鞋童，轻轻地问他需要什么帮助。孩子羞怯地说："我什么都不需要，只想听听您的琴声。"

梅纽因的泪水夺眶而出，一把搂住衣衫褴褛的孩子，把心爱的小提琴送给了他。

30年之后，当梅纽因再度访日演出时，又想起了当年的情景，他想方设法找到了在一家贫民救济院工作的小"知音"。梅纽因得知，30年来，这个当年的擦鞋童尽管生活清贫、坎坷，却多次断然地拒绝了想以高价购琴的人。这次会面，他仍和第一次一样回答梅纽因："我什么都不需要，只想听听您的琴声。"梅纽因默默地接过那把阔别30年的旧琴，奏起当年的那支旧曲，所有在场的人无不落泪。

远隔时空，我们无法听到梅纽因的琴声，却能够感受到那支曲子，在人们共享音乐的美好时光里，依然那么动人。

每个人都有可能成为贫困者，贫困者同样可以是美丽的。我听到过这样一个故事。

莫斯科地铁是乞者比较集中的地方，无论在拥挤的车厢中，还是幽长的过道里，都经常有贫困者的身影映入眼帘。

记得第一次乘地铁时，我看见一个年轻女子抱着女儿在车厢里穿行。她有一头美丽的金发，披着带有流苏的大披肩，黑色曳地长裙上沾有几星尘土，怀中的孩子在她的臂弯里酣睡着。她美丽高贵得如同圣女，只是悲戚的眼神让人动容。我不敢直视她的双眸，只是眼角的余光默默地随她的裙裾移动。当时地铁里的人不多，她走到乘客跟前，伸出左手，我才恍然大悟：原来她是行乞的。

怎么有如此美丽和哀伤的乞者啊？我的心一阵抽搐。

她不停地喃喃自语，纤细的手臂不住颤抖。原来，她的孩子得了严重的心脏病，她是从图拉城赶来莫斯科为孩子求医的，需要花一大笔钱。坐着的人都纷纷掏钱，包括我身旁一个10多岁的小男孩，也从背上取下书包，在里边翻找钱包。女子静静地伫立，温柔地注视着小男孩，尽管男孩掏出的只是几个硬币，但是她脸上仍然全是感激。

我心中升起对她的佩服之情。有不少作家在书中称赞俄罗斯妇女的伟大，母爱的无私。她没有被突如其来的横祸吓倒，没有变得邋遢，没有自怨自艾，没有把自己折磨得不成人形，没有刻意地把自己塑造成命运的弃儿，以博取他人廉价的同情。那一天，我明白了，原来乞者同样可以是美丽的。

每每想到她，我的脑海里就会出现陀思妥耶夫斯基的一句话："美丽拯救世界。"

在地铁站里，经常可以看见坐着轮椅或者拄着拐杖的戎装打扮的小伙子，面前摆着一个盛钱的盒子。他们的脸上有些无奈，但眼中对生命的热爱是毋庸置疑的。看着他们明亮的目光，以及胸前的勋章，我心中感到有些悲壮。朋友告诉我，他们中不少人是在车臣战争中负的伤。我想，他们将风华正茂的青春献给了国家，眼波迷离时，或许是陷入了对硝烟和战场、青春和美好的回忆吧？

这时，地铁里有流浪的艺人开始唱起普希金的那首著名的诗句：

"假如生活欺骗了你，

"不要难过，不要忧伤，

"在愁苦的日子里要心平气和，

"相信吧，幸福的一天终究会来临……"

四、救助贫困者精神的技巧——礼爱、关爱

当一个穷孩子在你的书店里看书时，千万不要催赶，全当是精神救助吧。下面的片段节选自林海音的《窃读记》，描写的是一位贫困生的书店读书记。

转过街角，看见三阳春的冲天招牌，闻见炒菜的香味，听见锅勺敲打的声音，我松了一口气，放慢了脚步。下课从学校急急赶到这里，身上已经汗涔涔的，总算达到目的地——目的可不是三阳春，而是紧邻它的一家书店。

我乘着慢步给脑子一个思索的机会："昨天读到什么地方了？那女孩不知最后嫁给谁？那本书放在哪里？左角第三排，不错。……"走到三阳春的门口，便可以看见书店里仍像往日一样挤满了顾客，我可以安心了。但是我又担忧那本书会不会卖光了，因为一连几天都看见有人买，昨天好像只剩下一两本了。

我跨进书店门，暗喜没人注意。我踮起脚尖，使矮小的身体挨蹭过别的顾客和书柜的夹缝，从大人的腋下钻过去，哟，把短发弄乱了，没关系，我到底挤到里边来了。在一片花绿封面的排列队里，我的眼睛过于急切地寻找，反而看不到那本书的所在。从头来，再数一遍，啊！它在这里，原来不是在昨天那位置了。

……

每次从书店出来，我都像喝醉了酒似的，脑子被书中的人物所扰，跟跟跄跄，走路失去控制的能力。"明天早些来，可以全部看完了。"我告诉自己。想到明天仍可以占有书店的一角时，被快乐激动得忘形之躯，便险些撞到树干上去。

可是第二天走过几家书店都看不见那本书时，像在手中正看得起劲的书被人抢去一样，我暗暗焦急，并且诅咒地想：皆因没有钱，我不能占有读书的全部快乐，世上有钱的人这样多，他们把书买光了。

我惨淡无神地提着书包，抱着绝望的心情走进最末一家书店。昨天

在这里看书时，已经剩下最后一册了，可不是，看见书架上那本书的位置换了另外的书，心整个沉下了。

正在这时，一个耳朵架着铅笔的店员走过来了，看那样子是来招呼我的（我多么怕受人招待）。我慌忙把眼光送上了书架，装作没看见。但是一本书触着我的胳膊，轻轻地送到我的面前：

"请看吧，我多留了一天没有卖。"

啊，我接过书害羞得不知应当如何对他表示我的感激，他却若无其事地走开了。冲动的情感，使我的眼光久久不能集中在书本的黑字上。

当书店里的日光灯忽地亮了起来，我才觉出站在这里读了两个钟点了。我合上最后一页——咽了一口唾沫，好像所有的智慧都被我吞食下去了。然后抬头找寻那耳朵上架着铅笔的人，好交还他这本书。在远远的柜台旁，他向我轻轻地点点头，表示他已经知道我看完了，我默默地把书放回书架上。

我低着头走出去，黑色多皱的布裙被风吹开来，像一把支不开的破伞，可是我浑身都松快了。摸摸口袋里是一包忘记吃的花生米，我拿一粒花生送进嘴里，忽然想起有一次国文先生鼓励我们用功的话：

"记住，你是吃饭长大，也是读书长大的！"

但是今天我发现这句话还不够用，它应当这么说：

"记住，你是吃饭长大，读书长大，更是在爱里长大的！"

第十八节 理直气和

心灵礼仪导航

> 过去常说"理直气壮",但现在有人说:"理不直的人常用气壮来压人,理直的人常用气和来交朋友!"东方人往往先情后理,而西方人在执行规则时,通常是先理后情。
>
> 法、纪、规好像与德、情、礼互不相容,前者是刚性的,后者是柔性的。但它们的目标是一致的,就是规范人类的行为。古今中外,由于理念的不同,它们孰先孰后,孰重孰轻,也有所不同。
>
> 法、纪、规的制订要像防小人一样从"性本恶"入手,这是社会的底线,因此手段多是外在的强制压力、处罚,遵守的主导往往是趋利避害;德、情、礼是君子的体现,是"性本善"的反映,是做人的底线,因此手段多是内在的信念激励、奖励,遵守的主导主要靠慎独。两者的统一要靠理、利来实现。

一、为什么要理直气和——得理让人是一种气度和涵养

如果道理一说就明白,那就用不着大声,不要因为理直就气壮。有时气和方能显出英雄本色。

"小姐!你过来!你过来!"一位顾客高声喊,指着面前的杯子,满脸不快地说,"看看!你们的牛奶是坏的,把我一杯红茶都糟蹋了!"

"真对不起！"服务小姐微笑着赔不是，"我立刻给您换一杯。"

新红茶很快就准备好了，碟子旁边跟前一杯一样，放着新鲜的柠檬和牛奶。服务小姐将其轻轻放在顾客面前，又轻声地说："我是不是能建议您，如果放柠檬，就不要加牛奶，因为有时候柠檬酸会造成牛奶结块。"

那位顾客的脸一下子红了，匆匆喝完茶就走了。

有人笑问服务小姐："明明是他错了，你为什么不直说呢？他那么粗鲁地叫你，你为什么不还以颜色？"

"正因为他粗鲁，所以要用婉转的方式去对待；正因为道理一说就明白，所以用不着大声！"服务小姐说，"理不直的人常用气壮来压人，理直的人要用气和来交朋友。"

得理让人，是一种气度和涵养。这不仅是商道，更是人道。

报载，我国某城市一家大型商场，因营业员疏忽，将一件1727元的大衣，误标成727元。大衣售出后，营业员方发现自己的失误，他想方设法，居然找到了购买大衣的顾客，并要追回大衣或补回货款，但遭到顾客拒绝。

无独有偶，类似的事情在美国也发生过。

一位旅美深造的女士去乐器店里挑选钢琴，最终选中了一架她认为物美价廉的。她将营业员叫到身边，将自己的选择告诉了他。营业员一看钢琴上的售价标签，愣住了。他向这位女士道歉，请她稍等，他要去向经理请示一下。一会儿，经理从店堂后快步走出来，老远便向这位女士伸出手，笑着说："祝贺您！您花最少的钱，买了一架最好的钢琴！"

原来也是出于疏忽，售价标签上少标了一个"0"，但店主与顾客的交易就这样轻松地完成了。

从一个小小的故事中，管中窥豹，可以看出一些西方商人的气度。

那年，我随中国作家代表团访问瑞士和希腊。在雅典，我们住在布拉卡的一家宾馆。布拉卡是专门接待外国旅游者的商业区，住在那里，逛商店是非常方便的。

一天下午，我和一位翻译走进一家专门经营旅游纪念品的商店。商店营业面积不小，但商品的陈列非常粗放，店里没有一只玻璃货柜，铜雕银器、彩瓶挂盘、仿古的大理石雕像，都随意地摆在一张张木台子上。

此时有两位白人妇女就要走出店门，其中的一位大概仍然留恋某件商品，转身要再看一眼。就在她转身之际，她腰间的挎包将门口木台子上的一个五彩瓷瓶碰到了地上，摔得粉碎。

正当那位妇女有些不知所措的时候，店主已经走到她面前，说："对不起！没有吓着您吧？"

妇女也连声道歉，并问："我要赔多少钱？"

店主说："您告诉了我，应该把东西摆在恰当的地方。请吧，欢迎您再来！"

最后的结局是这样的：那位妇女买走了一个古希腊的铜像。她的朋友大概也觉得这位店主可以信赖，买走了两个彩色挂盘。皆大欢喜。

二、如何使人崇德、遵纪、守法——培养大气人格

道德、纪律、法律、责任、规矩、礼仪、风俗、习惯、宗教等，都是约束人的行为规范。尽管它们制订的主体不同，奖惩的主体、力度不同，适用的范围不同，但其目的是一致的，都是为了调节人际关系、抑恶扬善。

人们在遵守、执行行为规范过程中会出现两种倾向：一是迫于外在的压力及诱惑，二是出于内在的信念与坚守。

先说第一种情况，如果是出于外在的压力及诱惑，那么人们在遵守、执行行为规范过程中就会权衡利弊。根据"经济人"的人性假设，人往往会趋利避害。在有人知晓的情况下，守法是为了减少伤害，免受处罚；行善是为了名声、奖励、作秀。在无人知晓的情况下，便会无法无天、无慈无善，钻空子是常态，而更可怕的是没有底线。这都是功利惹的祸，我们把这种现象叫便宜主义，如果养成习惯将形成功利性人格。

再看第二种情况，如果是出于内在的信念与坚守，那么人们的行为规范一般都是经过深思熟虑的，有自己的道德信仰区间与底线。因此在遵守、执行行为规范时，无论是有人知晓还是无人知晓，都会抛开功利，

以是非善恶为标准，以完美性、圣洁性为目标，以慎独行事，坚持立场、坚守底线、坚定信念，绝不越雷池半步。我们把这种现象叫信念主义，如果养成习惯将形成大气人格。

在物质匮乏的年代，人们迫于生存压力，钻钻空子，便宜主义盛行，情有可原；丰衣足食的年代，仍然事事算计、处处功利就有违这个年代了。管仲曾说："仓廪实，则知礼节，衣食足，则知荣辱。"物质丰硕的年代，应有更多的人用更多的时间去思考生命的价值、人生的意义，思考什么是值得过的人生，什么是可以过的人生。一旦明白了这些，离大气人格就不远了。

另外，一切从善意出发，人就会很大气；抛弃功利之心，人就会很大气；敢于吃亏，人就会很大气；有宽容心，有爱心，人就会很大气；有完美人格目标及圣贤人格信仰，人就会很大气……

最后，时时处处能坚持立场、坚守底线、坚定信念，绝不越雷池一步，久而久之，一旦养成习惯，就形成大气人格了。

三、执行法规需要善意——公平只能体现在善意者的心中

善意永远是执行法规的前提，不然任何规定都会被恶意所利用。

这是20世纪90年代发生于剑桥大学的真实故事。

在一次考试的过程中，有个勇敢而极富创意的考生突然提出，要监考的学监为他提供点心和啤酒。接下来是这样一段对话：

学监：对不起，您在说什么？

考生：我要求您现在给我拿点心和啤酒，先生。

学监：很抱歉，不行。

考生：我坚持我的要求，先生。我不仅是请求，而且是命令您现在给我拿点心和啤酒。

这个学生同时出示了一份剑桥大学校规的复印件。这份校规是在400年前用拉丁文订立的，名义上永远有效。他指出其中不引人注意的一条：参与考试的所有考生，有权在考试过程中得到点心和啤酒。

惊讶之余，学监不能再表示异议。在没有准备的情况下，他临时拿

来了可乐和汉堡作为替代品。那个机智过人的学生心满意足地坐在那里，一边舒服地又吃又喝，一边答完了他的试题。

三个星期之后，剑桥大学给予这名考生罚款 5 英镑的处分，理由是在考试过程中，该考生没有按照校规带上佩剑。

现代社会尽管倡导公正、公平，但权力优势无处不在，即便是执法者也会做出妥协。所以公平只能体现在善意者的心中。

例如，一位行政法教授刚买了车，还不很熟练。一次他与一位同伴出门时闯了红灯，他们便与警察讨价还价，说：“我们都是大学的教授，交通法规起草时我们还参与过论证。"最后警察"放水"了。

你可以从这个事例中感觉到权力的存在，不是官方的权力，而是由福柯等学者提出、现在很多青年学者在讨论的一种无所不在的权力，即培根所说的"知识就是权力"。你的知识决定了你的身份、地位、形象、在纠纷中所处的位置等，它可能是无形的，但一定存在。这种权力是法律无法遏制的，法律不可能真正做到使双方站在同一起跑线上，这在生活中随处可见。假如你是一家刚成立的小公司，与大公司签合同时便会完全处于弱势。假如你是一家大公司的雇员，你可能会为得到优厚的待遇而不得不接受种种条件的约束。权力上的优劣永远存在，法律无法解决这一问题。在刚才所说的"教授闯红灯"事例中，如果执法者严格执法，就不存在我们考虑的问题，可是执法者是有自由裁量权的，他既可以警告，也可以罚款，却最终选择了"放水"。法律与正义经常被放在一起，但生活中法律不能维护所有正义，由此也许可以得出一个结论：法律是保障最低限度的正义的，或者说是一种底线的保障。要想解决社会中随处可见的权力优势，恐怕法律并不是一剂万能的良药。

在国外，对政府、法官监督得很严格，并不是无礼，反而是对公众的礼遇。而警察更多的是通过礼遇公众、服务公众的方式来维护公众的利益。这就是文明法制社会的标志。

据报道，意大利西西里岛墨西拿市市长朱塞佩·布赞卡，因私与夫人乘坐公车，意大利消费者协会联合会就此将布赞卡告上法庭，指控他滥用职权，损害了纳税人利益。2003 年 10 月 21 日，意大利最高法院以滥用职权罪判处布赞卡半年监禁。

  一位定居加拿大多伦多的朋友说,他在多伦多的一位邻居,某日在自己别墅外的草坪上发现一堆狗屎。这位先生当下打电话喊来了当地的治安警察,把该警察训了一通,然后要求找出在他的草坪里拉屎的那条狗,他要起诉狗的主人。该警察实在没有能力侦破此"案",但禁不住这位先生天天打电话催促,只好一口一个"对不起"地不住道歉。最后,这位先生"高抬贵手",让该警察设法保证今后不让任何狗进入他的草坪。该警察激动得像得到了大赦,遂自费做了一个牌子,上书"严禁狗进入草坪",竖在这位先生的草坪上。

  一位赴澳大利亚公干的朋友,回国后讲了他在澳大利亚发生的一件事:几位在那里经商的朋友为他接风,席间,东道主劝大家喝个一醉方休。这位朋友说不行,都是开车来的,不能多喝。东道主说没关系,只管喝。果然,聚会结束,几个人喝得都有八九分醉意。这位朋友正在无奈,只见东道主拿出手机打了报警电话:"我们几个人在××饭店喝醉了酒,请帮忙送我们回家。"朋友正在疑惑,一会儿就来了两名警察,恭恭敬敬地说:"感谢你们对公众安全的关心。请问诸位住在哪里?"问明白以后,警察接过几个人的车钥匙,把他们的车停在了停车场,然后交还车钥匙,用警车把他们送了回去。

第十九节　避免内疚

心灵礼仪导航

> 人做错了事情，会心情紧张，会感到尴尬，甚至会有负疚感。如果对方是无心做错了事情，我们就应该设身处地地站在对方的立场上思考一下，尽量避免尴尬，避免让对方有负疚感。正如契诃夫所说："所谓良好的教养，不是指你不向桌布上洒酱油，而是指如果有人这样做了，你却没有发觉……"
>
> 对待孩子，更不能让他感到负疚，否则，孩子可能会产生一种不如别人的感觉，也可能会因此缺乏自尊，背上自卑的包袱。我们必须牢记，物质上的东西毁则毁矣，切不可让孩子的心灵再受到伤害。

一、为什么要避免让对方有负疚感——培养自我尊重

当孩子落后时，千万不要抱怨，更不要让他经受一种对别人负疚的感觉。

"自我尊重"，对于任何一个美国人来说，已经成为一种习惯。在报纸刊物上，在广播电视中，哪怕在随意的一次脱口秀中，都会经常出现"自我尊重"这个词，它已经成为一种崇高的道德价值深植于美国人的意识之中。

这种价值是从小就得到培养的。在幼儿园里，老师总是会说："人应

该尊重自己。"然而，并不是以一种命令式的口吻，而是以一种游戏的形式表现的。比如，一个孩子过生日，老师会送给他一个盒子并对他说，假如他朝这件礼物瞧一瞧，就会看到一种独一无二的、非常珍贵的东西，整个世界上再也没有其他人会有这样东西。孩子打开盒子后发现，里面是一面小镜子。镜子里映出的正是孩子自己的面孔，是一张"独一无二的、非常珍贵的"面孔，是其他人都不会有的。这就是一种"自我尊重"的教育。

再来看另一幅画面。在一个幼儿园里，其他孩子都已经吃完了早餐，可有一个女孩子还坐在桌旁慢吞吞地吃着。于是一位年轻的老师便走过来问："凯丽，你怎么这样慢？大家都急着去玩耍呢，你拖大家的后腿了。"这时，园长正好从一旁走过，听到了这位年轻教师对凯丽说的话，便把这位年轻教师请到了自己的办公室。"您担心其他的孩子的感受是对的，"园长说，"但是您没有考虑到凯丽，没有考虑她当时的情绪。她一个人坐在那里吃，已经没有了同伴，已经很委屈了，更何况还要经受一种对大家负疚的感受。"

后来，校长又解释说，在任何情况下都不能让孩子的内心感到负疚，否则，孩子可能产生一种不如别人的感觉，可能会感到自卑。失败者往往就是这样养成的。

当孩子不小心损坏了物品，我们应该清楚孩子以及他的自尊要比他所破坏的任何物质的东西都重要得多。下面是一位母亲呵护孩子心灵的故事。

一天，大卫正在教他7岁的儿子凯利如何使用割草机割草。当教到怎样将割草机掉头时，他的妻子简突然喊他，要询问一些事情。当大卫转过身回答简的问题时，调皮的凯利却把割草机推到了草坪边的花圃上，并充分利用他刚刚学到的技术开展工作——割草机所过之处，"花尸"遍地，原本美丽的花圃留下了一条空隙。

面对眼前的事实，大卫怒不可遏，他有些失控了。要知道，这个花圃花费了大卫多少时间、多少精力才侍弄成今天这个令邻居无比羡慕的样子呀！可是仅仅才两分钟的时间，就被小凯利毁坏得不成样子了。

"哦，天哪！凯利！你在干什么？"他怒吼起来。就在他要继续呵斥凯利的时候，简快步走到他身边，用手轻轻地拍了拍他的肩膀，说："大卫，别这样，要知道，我们是在养小孩，而不是在养花！"

简的一番话犹如一道耀眼的闪电，使我眼前一亮，心灵不禁为之一震：是啊！孩子和花究竟孰重孰轻？那些曾经被孩子用棒球砸碎的窗户玻璃、不小心碰倒的台灯以及在厨房里掉在地上摔碎的碟子，它们既然已经被毁坏了，再也不能复原了，那么我们又何必再去打碎一个小孩子稚嫩纯净的心灵呢？在这种时候，我们必须牢记，切不可让孩子的心灵受到伤害，不要使他们原来充满活力的感觉变得迟钝，乃至麻木，否则我们失去的将不仅仅是那些玻璃、台灯、碟子，而是孩子的心灵。

二、如何避免让对方有负疚感——换位思考，将心比心

当孩子受到委屈时，不能得理不让人，应该教他学会勇敢地替别人解忧。

这件事情发生在澳大利亚一个岛上的度假村中。

有一天，在大厅里，有一个满脸歉意的工作人员正在安慰一个大约4岁的小孩，饱受惊吓的小孩已经哭得筋疲力尽。原来那天小孩特别多，这个工作人员一时疏忽，在儿童的网球课结束后，少算一个，将这个小孩独身留在了网球场。

等她发现人数不对时，才赶快跑到网球场，将那个小孩带回来。小孩因为一个人在偏远的网球场，受到惊吓，哭得十分伤心。

不久，孩子的妈妈来了，看见了自己哭得惨兮兮的小孩。

如果你是这个妈妈，你会怎么做？是痛骂那个工作人员一顿，还是直接向主管提出抗议，或是很生气地将小孩带离，再也不参加儿童俱乐部了？

那个妈妈蹲下来安慰小孩，并且很理性地告诉他："已经没事了，那个姐姐因为找不到你而非常紧张，并且十分难过，她不是故意的。现在你必须亲亲那个姐姐的脸颊，安慰她一下。"

于是小孩踮起脚尖，亲了亲蹲在他身旁的工作人员的脸颊，并且轻

轻地告诉她:"不要害怕,已经没事了。"

只有这样的教育,才能培养出宽容、体贴的孩子。

另外,碰到吸烟的人,千万不要像躲瘟疫一样。不然,对双方都是伤害。

我是一个老烟民,当烟瘾发作时,就像一只过街老鼠,想找一个无人、空旷的地方去尽情抽一支烟。可有时想躲也躲不过。在大街上,你会发现有人像躲瘟疫一样,捂着鼻子从你身边匆匆而过。

有一次在公园里,我找了一个没人的长凳,坐下来,点上烟,心想这下不会妨碍别人了吧。可还是来了一对恋人,在我旁边坐下来。我开始局促不安,可心想这不能怪我吧,便忍不住大胆地吸了一口。风也好像故意刁难,吹向他俩。我想这下完了,肯定会有责难的目光看向我或扇风的手势出现。可是没有,二人若无其事,好像什么也没发生。我反而觉得不好意思了,正准备起身,那女孩对男孩说:"我去下洗手间。"她先起身了。我暂时如释重负,心安理得地猛抽几口。等我把烟熄灭,女孩也回来了。我总觉得有点不对:洗手间在左边,她怎么向右边走,又从右边回?莫非她不知道?

良久,我才忽然醒悟,她是在躲烟,但是为了不伤害我这个瘾君子,于是找了个避免让我尴尬的借口。

我被深深地感动了。出于敬意和谢意,我起身把长凳让给了这对恋人。

三、避免让对方感到内疚的技巧——处变不惊,若无其事

如果对方在无意之间妨碍了你,你最好从容镇定,处变不惊,全当什么事都没发生。

有一次,飞机刚刚停稳,大家都匆忙取好了行李,往出口移动。我背好了行装准备下机,突然发现桌上还有一口可乐没喝完,弃之可惜,便拿起来一饮而尽。也许因为喝得太猛,呛住了,一下喷到了前面一位旅客的肩上。我愣住了,像做错事的孩子,等待那位旅客的发落。可那位旅客从容镇定,好像什么事也没发生,连头也没回,径直往前走。

我呼吸急促，忐忑不安，脚步没有动，仍愣在那里。这是怎么回事？难道他没有发觉？还是有急事，没时间与我争吵？……我稍平静后，从舷窗里看到那位旅客停了下来，拿出纸巾在肩膀上擦了一下。

　　啊，他是知道的，他是为了避免让我感到尴尬而故意没有回头，故意没有停下，而又在认为我看不到的时候，才停下来擦一擦。一个人的涵养若修炼到这种境界，需要多大的定力啊！

　　我突然回过神来，那拿出纸巾来的人不应该是我吗？于是，我急忙起步，想追上他，不仅是向他道歉，更想表达我对他的敬意。可人太多，怎么也没追上，他消失在人群里了……

　　他不想让一个陌生人感到尴尬，不想让我负疚地向他道歉。而我因为没有追上他，至今还深深地感到遗憾。

　　当别人无意间侵犯了你，你若能处变不惊，是值得尊敬的大境界、大宽容。

　　有一次经历让我难忘。我讲课总是很有激情，容易激动。但有一个很大毛病，就是讲到激动时就唾星飞溅。

　　坐在前排的同学有时抗议，我只能连连说对不起。也有懂事的同学擦一擦，会意地笑一笑，仿佛在说："没关系，继续。"这常使我感到尴尬，我有时甚至劝自己不要太激动。

　　在一次公开课上，讲到高潮时，我又忍不住激动起来，下意识觉得一颗唾星飞溅出去，正落在前排同学的脑门上，他却没反应。我想，是不是听得太入神了，没有觉察？或者是我的下意识出了问题，根本就没有唾星飞出？可当我转身板书时，眼睛的余光分明看到，他快速地用袖子抹了一下脑门。

　　我一下子被感动了。他分明知道，只是为了避免让我感到内疚、尴尬而故作镇静，故意装作不知道。而当我转身、确认我看不见时，他才快速地抹了一把。

　　当你无意间侵犯了别人时，对方却故作镇静，处变不惊，只为了避免你的内疚、尴尬。他不讲，你也许永远不会知道。这是多么大度，多么宽容。这是来自心灵的礼仪，这种人永远值得我们学习和尊敬。

第二章　白金规则：人所不欲，勿施于人

第二十节　玉成他人

心灵礼仪导航

当双方利益发生矛盾的时候，最好的结果是双赢。你得到利益和荣耀，我玉成他人，收获美德，这也是一种荣耀。玉成他人，真诚分享朋友的快乐，不让尘屑般的烦恼侵扰洁净如莲的心怀，这也是一种快乐。

玉成他人，需要充满爱的心胸。如果有爱在心头，舍弃的将是狭隘，留下的将是浩荡的君子之风。

一、为什么要玉成他人——这是至纯至高的美德

玉成他人，真诚分享朋友的快乐，是一种美德，这种美德犹如耳鸣，至纯至高，自己听到就足够了。

在讲人类登月计划的时候，我先让同学们试着说一说那艘飞船以及宇航员的名字。

"阿波罗！"

"阿姆斯特朗！"

他们这样回答。很快，思维敏捷的同学又抢着说："我个人迈出了一小步，人类却迈出了一大步！"

当然，他们的回答都正确。1969年7月16日，载着3名航天员的"阿波罗11号"飞船，史无前例地启程飞往月球，开始执行人类首次对

月球的冒险探测行动。

飞船在月面降落,阿姆斯特朗首先走下5米高的扶梯台阶。当他的双脚小心翼翼地站在陌生的月球上时,他不禁感慨万千,说出了那句瞬间传遍全世界的话语。

其实,当年阿姆斯特朗身后还有一个人,他的名字叫奥尔德林。

在庆祝登月成功的记者招待会上,有一个记者突然抛给奥尔德林一个很尖锐的问题:"由阿姆斯特朗先下去,成为登陆月球的第一个人,作为同行者,你是不是觉得有点遗憾?"全场默然。所有的人都在心中悄悄给这个问题做出了不便大声宣布的答案。在众人的注目下,奥尔德林很有风度地回答:"各位,千万别忘了,回到地球时,我可是最先出太空舱的……所以我是由别的星球来到地球的第一个人。"

几十年过去了,太多的人已经不再记得奥尔德林,不再记得他大度而不失幽默的回答。但是我敢说,几百年之后,就算人类已经到月球繁衍生息,我们依然需要奥尔德林那样的美德——玉成他人,真诚分享朋友的快乐。如果别人得到了一团叫作"不遗憾"的火,就请你微笑着将自己手中那一块叫作"遗憾"的冰凑过去,冰融的时候你的心注定会转暖。哲人说:美德犹如耳鸣。是的,有一种声响,自己听到就足够了。

另外,在生活中漠不关心、见死不救,不仅是冷漠,而应看成不能饶恕的罪过。如果是举手之劳,还是帮帮别人吧。

下面是一位中学生的遭遇。

中学时,我是住校生。每次离家前,母亲总不忘叫我带上一小袋米,因为我就读的中学要求学生自己带米。

又一次返校,车上人很少,我旁边只有一个戴眼镜的年轻人。我把那袋米放在年轻人旁边的一个空位上。也许是因为疲劳,我一上车就昏昏入睡了。车子一路行驶,我沉睡在梦中。

突然,一个急刹车把我从梦中唤醒。我睁开眼睛,忽然感觉前面有一摊耀眼的白色。定睛一看,我大叫起来:"天啊,我的米!"

不知何时,米袋的口松开了,一粒粒米顺着袋口滚落下来,摊成一堆白色。当我失声惊叫的时候,一个冷漠的眼神从旁边斜射过来。我看见一张脸,上面写满不屑,仿佛在告诉我他看到了米滑落的整个过程。于是我心里所有的揣测都变成了一种肯定。刹那间,我的整个肺都气炸了,他怎么可以这样漠不关心?世界上竟然还有这样的人存在?我不知道我应该用哪一种方式来使自己平静下来。我只能蹲在那个年轻人的面前,用双手一捧一捧地把米送回袋子,然后安静地等着下车。

此后,我一直被一种从未有过的愤怒和惘然所包围。我开始怀疑一些东西,开始重新审视身边的一切。

当我又一次回到家里,讲述那天车上的遭遇时,我余怒未消,用最狠毒、最丑恶的字眼来诅咒同车的那个年轻人。我本以为母亲会与我同仇敌忾,一同声讨这个年轻人的劣行。不料母亲却平静地说:"孩子,你可以觉得委屈,甚至可以埋怨,但你没有权利要求别人去承担你自己的责任和过失。当然,作为一位母亲,我希望我的女儿在别人的米袋口松开时,能帮忙系上。"

二、如何玉成他人——理解、谅解、宽容

如果学生的答案不是你想要的,但只要能说通,就应该鼓励,用理解、谅解的心态玉成他人。

"雪融化了是什么?"某老师在课堂上问了这样一个问题。一个小学生近乎异想天开地回答道:"春天!"然而,他的老师却一本正经地告诉他错了,并把"标准答案"写在黑板上,叫学生们用心记住,答案是"水"。

雪融化后变成水,这是常识,但孩子的回答就错了吗?至今,我们的记忆中还有"冰雪融化,种子发芽,果树开花"这样让人怦然心动的句子——这难道不是指美丽的春天吗?多么面目可憎而机械的"标准答案",想象的翅膀被"咔嚓"一声剪断了!

另据报载,不久前,一位小学生家长给中国教育科学研究院的蒋国华教授写了一封信,信中也曾提到一件类似的事,不妨将信件的内容摘录如下。

"我同事的孩子刚上初中,这个男孩子非常喜欢看课外书,懂得许多

东西，但又暂时没有被驯化成'好'学生。一次语文课上，老师讲解课文的一段，说烈士的鲜血染红了山茶花。他站起来反驳老师，说鲜血不可能染红山茶花，并把花为什么有不同颜色的科学道理讲了一遍。老师大概从来没有遇到过如此大逆不道的反抗，当即勃然大怒，把他赶出了教室，罚他不准上课，并要家长加强管理……"

老师固守着答案的唯一性，不允许学生有异想天开的想法，并始终不遗余力地维护自己的权威性，师生没有对话平台，彼此之间难以沟通。不得不承认，这便是目前国内大部分学校教育的现状。我们不妨再来看另一个例子。

凯特是美国密歇根州詹姆斯敦小学的一名学生。有一天，她很客气地给当地一家快餐连锁店写了一封信，信中说，她希望能终生免费吃炸鸡，因为这是她的最爱。让人吃惊的是，这家快餐店竟然答应了她看上去有点荒谬的要求。还有比这更让人吃惊的事，原来凯特不是纯粹因为好玩才有此"荒唐"之举的，这是她的老师布置的一项作业——老师要求班上每个学生给当地企业写封信提个尽可能荒谬的要求。换句话说，是老师鼓励学生去"异想天开"的。这项作业的好处显而易见：学生既受到了语言的训练，又得到了社会的、感情的、创造性思维的收获。

瑞士有位学者有一段著名的论述：教育的最终目的在于发展各人天赋的内在力量，使其经过锻炼，能人尽其才，在社会上赢得他应有的地位。很大程度上，一个人的命运取决于他所受的教育，怎样的教育培养出怎样的人才。雪融化了是水，但雪融化了更是春天……

三、玉成他人的心胸——舍弃狭隘，虚怀若谷

君子不仅善于成人之美，还表现在对宿敌能虚怀若谷，决不会于人受难之时落井下石，暗放黑枪。

20世纪30年代，时年25岁的梁实秋与47岁的鲁迅展开了一场震惊尘寰的论战。看这论战的双方，一个是刚涉文坛的初生牛犊，一个是久经沙场、执笔如刀的文坛枭雄。自古以来，大凡激烈的战斗都会留下惨烈雄壮的痕迹！而这场战斗也不例外。恶战之终，给初涉文坛的梁实秋

留下了终身难忘的伤痛，即便到了晚年他偶尔谈及此事，仍耿耿于怀，不能淡然置之。

然而，鲁迅去世后，每当提及鲁迅，梁实秋都充满了敬意，他说："鲁迅的文章实在是写得好！老实讲，在'左派'阵营中还很难再找出第二个像他这样的人才。"

大家毕竟是大家，正面交锋时，不惜将对方置于死地。然而，背后却能够虚怀若谷，恶而知其美，爱敌人之优点，敬对手之高风，决不因往日宿怨而憎之陷之——这才是真正的大家。

第三章

钻石规则：
天所不欲，
勿施于天

第二十一节　自然有价

心灵礼仪导航

> 人类对自然心怀敬畏，心存谦卑，科学才能脚踏实地地发展。这种敬畏与其说是面向自然，不如说是人类内省自身，警惕科学"包治百病"的虚荣，以及汤因比所批判的人类主宰生物圈后无限贪婪带来的恶果。
>
> 轻视原材料中的环境价值，是环境保护始终得不到人们重视的根本原因。因此，要保护环境就必须把原材料消耗对环境造成的影响，加到人类衡量一切事物的价值体系中去。

一、自然有价——环境价值如何估算

生活在现代社会里的人，凡事都喜欢用金钱来衡量事物价值的大小，这似乎已成了一种习惯。有一天，我将一辆滑板车送给五六岁的小男孩，他第一个问题竟然是"多少钱啊?"童言无忌，却真实地反映了金钱是人类社会衡量一切事物的价值体系。

但是，环境尚且无法用金钱来衡量。例如，驾驶一辆太阳能汽车在市区兜风，要花掉多少环境？提出这样的问题会让人感到莫名其妙。因为我们至今还没有一个衡量人类行为对环境影响的共同标准。

按照传统的经济学定价方法，资本和劳动力是决定某种产品或某项服务价格的主要因素，而原材料的消耗在定价中只占一小部分。比如，造纸需要消耗大量的木材,造纸厂的废碱液对环境的破坏十分严重,可是这些在纸张那便宜的价格中几乎没有反映出来,甚至很少有人想过,为了得到这便宜的纸张,我们在环境上付出了十分沉重的代价。

轻视原材料中的环境价值,是环境保护始终得不到人们重视的根本原因。因此,要保护环境就必须把原材料消耗对环境造成的影响,加到人类衡量一切事物的价值体系中去。德国的施密特·布里克教授提出的MIPS衡量标准,就是为了解决这一难题的。MIPS是"每项活动的物质强度"的德文缩写,它的值越小,该件产品或该项服务对环境的影响也越小。

有了这样一个共同标准,我们就可以对人类一切活动给环境造成的影响进行"标价",这对于做出决定、制定法规、完善政策都有一定的参考价值。同时,这一标准的提出也使我们有可能去重新审视那些过去认为是合情合理的事情。

水力一直被认为是一种"干净"的能源,因此水力发电被认为是对环境没有污染的,至少不像火力发电那样存在明显的环境问题。但是,以MIPS标准来衡量就有问题了:首先,搞水力发电要筑水坝,这就是一个高物质消耗、强能量流失的过程,它对环境的影响是不容忽视的;其次,水坝造好后蓄水发电时要淹没大片的土地,这肯定会破坏当地的生态平衡。从历史的角度来看,这样做会不会得不偿失呢?这方面的一个例子就是埃及的阿斯旺水坝,它的建成给埃及带来了大量的电力能源,但破坏了尼罗河的生态平衡,其长远影响究竟有多严重,现在还很难说。

另外,纸和塑料等包装材料的再循环使用一直被认为是节约的办法,但是,以MIPS标准衡量也会发现问题:包装材料在循环使用时的能量流比制造新的材料时要大得多。因此,从保护环境的角度来看,包装材料的再循环使用是毫无意义的。

尽管MIPS标准尚处在研究阶段,但它毕竟是第一个可应用于实际的环境保护定量估算标准,就这一点而言,这一理论是值得介绍给大家的。

另外,孩子对环境价值的认识,比有功利心的成年人要深刻得多。

一天,富有的父亲带着小儿子去乡下旅行,想让他见识一下穷人是怎么生活的。他们在农场最穷的人家度过了一天一夜。旅行结束后，父亲问儿子："旅行怎么样？""好极了！""这回你知道穷人是怎么过日子的了？"

儿子回答："我发现咱们家里只有一条狗，他们家里却有四条狗；咱们仅有一个水池通向花坛的中央，可他们竟有一条望不到边的小河；我们的花园里只有几盏灯，他们却有满天的星星；我们的院子只有那么一点儿，可他们的院子却有整个农场那么大！"儿子说完，父亲哑口无言。接着儿子又说："感谢父亲让我明白了我们有多么贫穷！"

环境价值大无边啊！

二、如何保护环境——向动物学习，回归天性

在维护生物链的自然平衡方面，动物是我们人类的老师。

华莱士是美国哥伦比亚大学生物学德籍客座教授，他考察亚马孙河热带雨林动植物的种类、习性及生态平衡，著作颇丰。他专门追踪一种叫蚁熊的动物。顾名思义，蚁熊就是吃蚂蚁的熊，它是世界上最大的食蚁兽，平均每天要吃1.8万只蚂蚁。

让华莱士大为惊奇的是，蚁熊有一种特殊习性：它吃蚂蚁时绝对不会赶尽杀绝，每挖开一个有成千上万只蚂蚁的窝，它只吃掉一小部分蚂蚁，最贪婪时吃500只，其他的全部放生，再径自寻找下一个蚂蚁窝。华莱士对此十分感兴趣，并认真研究其中的道理：蚁熊为何大讲"蚁道主义"？最后华莱士得出结论：因为它很清楚，要使自己的种群在地球上生存，就必须让蚂蚁家族子子孙孙生存繁衍下去，它的"仁慈宽厚"实际上是源于自身生存和发展的需要。这就是生物链的自然平衡现象。

华莱士从蚁熊那里得到启示：人类要有节制地利用地球上的有限资源，尤其是日趋减少的能源。若赶尽杀绝，吃光、采光、用光，最后斩杀的是人类自身。华莱士向美国政府提出建议：立即停止开采仅有20年储量的本土石油，给子孙后代留作遗产；大力开发水力、风力、潮汐、太阳能、海洋温差发电等不花钱的自然资源。美国政府接受了他的合理建议，美国本土的油井于2000年1月1日全部封井停钻。

华莱士教授严肃地说:"蚁熊是我们人类的老师!我们要珍惜地球上每一'滴'资源,不要把它变成人类最后的一滴眼泪!"

喜欢干净的环境,也是人的天性。下面是一个小女孩为了城市的干净,而献出了生命的故事。我们如果能把她当作天使,让她飞翔在每一个人的心里,那城市将变得洁净。

不久前,我到一个城市去拜访一位老朋友。中午,他开车把我带到很远的一家餐馆去吃饭。这家餐馆并不豪华,也没有什么特色,朋友领着我径直走到临街的一张桌前坐下。他点菜的时候,我透过宽大的玻璃窗观望这座新兴城市的街景。

这里大概是市中心,高楼林立,车水马龙,四处涌动着一股现代文明焦灼的气息,和我到过的每一座城市的市中心一样。不过这座城市出奇的干净,街道规划井然有序,街面十分清洁。我不禁暗暗称奇。

扎啤端上来了,朋友沉静的话语连同清凉的啤酒一起涌进我的心里:"我给你讲个故事吧。"我点点头,我最喜欢听人讲故事了。这时,我看到街边撑着一把绿色的太阳伞,一个三十多岁的女人静静地坐在下面。我从那里收回了目光。

"两年前的这个时候,我极偶然地走进这家餐馆,也是坐在这个座位上。那天我的心情糟糕透了,只想一醉方休。

"我一边漫不经心地看着街景,一边一杯接一杯地喝着啤酒。这时,我看到一对母女走了过来。年轻的妈妈虽然不是异常美丽,但她娴雅的气质和幸福的微笑吸引了我——这就是一个母亲的美吧!还有她的小女儿,大约三四岁,穿着一套白纱裙,头上扎两个蝴蝶结,打扮得像天使一般。她一只手里拿着一支冰淇淋,一只手被妈妈牵着,一蹦一跳地走着。我真羡慕她们的快乐。

"忽然,她们停下来。原来是女孩把吃完的冰淇淋的包装纸扔在了地上,年轻的妈妈指着包装纸,跟女儿和气地讲着什么。小女孩把包装纸捡了起来。随后,她们开始四处张望,我知道她们是在寻找垃圾箱——你别看现在的垃圾箱这么多,隔几步就有一个,但那时候很少很少。

"这时,小女孩指着马路的对面,她发现那里有个垃圾箱。我想,其实年轻的妈妈早就看到了,但她不想让女儿过马路,可是这边没有。我看到她犹豫了一下,然后指着马路对面,想让女儿把包装纸扔到那个垃圾箱里去。

"小女孩拿着包装纸,欢蹦乱跳地穿过马路。忽然,一辆小轿车像幽灵一样疾驰过来,随着一阵急促的刹车声,我的心一下子提到了嗓子眼。女孩飞了起来,然后就倒在一片血泊里……"

朋友的眼里盈满了泪水:"有谁能想到,女孩横穿马路,仅仅是想往垃圾箱里扔一张废纸!"

"那——"我用纸巾拭拭眼角,"女孩的妈妈一定很痛苦了。"

朋友的手往窗外一指:"她在那儿——"

我揉揉眼睛,顺着朋友手指的方向,又看到了那把太阳伞,那个女人还是保持着原来的姿势一动不动地坐着,痴痴地望着街心。从我们坐的地方只能看到她的背影,看不到她的脸。

朋友继续说:"女儿死后,她疯了,就在这里捡废纸、捡树叶,然后扔到垃圾箱里去。后来人们都知道了,都不再乱扔垃圾,还帮她捡拾。她捡不到东西了,就坐在那里。我们这座城市里的人都认识她,市长为她特别安置了椅子和遮阳伞,每天都有人自发地组织起来,照顾她的生活。这里的每一处垃圾箱上都镶嵌了小女孩的照片,这让我们几乎都不忍心往里面放垃圾。我们都很感激她和她的女儿,是她们使我们这座城市干净起来了。"

我默不作声。

朋友说:"我们都把她当作天使,她飞翔在这座城市的上空,飞翔在每一个人的心里!"

三、敬畏大自然——科学不能战胜的,用人文适应

我们的自然教育大多停留在概念说教和知识灌输上,而在最重要的审美和感动方面做得远远不够。王开岭在散文《流逝的古典》中这样诉说着。

温习一下这随手撷来的句子吧:"水光潋滟晴方好,山色空蒙雨亦

奇""谢公宿处今尚在,渌水荡漾清猿啼""西塞山前白鹭飞,桃花流水鳜鱼肥"……

那样明亮的户外,那样的四季,那样的江河岳脉——若荷尔德林之"诗意的栖居"成立的话,至少这洁净的水光山色乃必需的吧。可是,它们今天又在哪儿呢?那"人行明镜中,鸟度屏风里"的天光明澈,那"长安一片月,万户捣衣声"的皎月寂静……今安在?

从自然的角度讲,古人的世界要比现代人丰富得多,健康而优雅得多。地球上自几十亿年前出现生命以来,生物物种的诞生、进化、灭绝就不断上演,物种灭绝本属自然进化之正常,但人类进入工业社会以后,灭绝速度大大加快。自然状态下的物种灭绝极为缓慢,而在人类活动的干扰下,目前地球上的动植物灭绝速度要比两千年前快上近千倍。这是一种远高于自然速度的"工业速度"——这分明是"屠杀"!

多少珍贵的动植物已永远地沦为了标本?多少鲜活的生态活页从我们的视野中被硬硬撕掉,被生生扯去?多少诗词风景像"广陵散"般成为遥远的绝响?

"蒹葭苍苍,白露为霜""呦呦鹿鸣,食野之苹""关关雎鸠,在河之洲""河水清且涟漪"……我在抚摸这些《诗经》句子的时候,除了对美的巨大感动,内心更有一份莫名的冰凉、疼痛和战栗。因为就在模拟那份远古"现场"的同时,我骤然被一个念头惊醒:她已永远不属于我们了——永远!那自然史上最纯真的童年风景、生命与自然最相爱最和谐的"蜜月之岁",永远同我们告别了。或者说,我们杀害了她。

阅读竟成了告别,竟成了永诀和追悼。难道人类不应为此哭泣吗?

语文教材中的众多游记,无论赏三峡、登黄山,还是临赤壁、游洞庭……除了传递水墨画般的自然意境外,更有着"遗址"的凭吊和祭奠意义!更有着"黄鹤一去不复返"的绝唱意味!而我们在对之阐释时,难道就只能停留在汉语表面的字义上?(比如"蒹葭""雎鸠",难道除了"一种植物""一种水鸟"外,就再也延伸不出别的含义了?)除了挖掘莫须有的政治意义和阶级分析,难道就不为大自然的鬼斧神工而隐隐动容?除了分享审美愉悦,难道就品咂不出"挥别"的忧愤与悲怆来?

我更想建议老师：为什么不问问孩子，那些美丽的"雎鸠""鹿鸣"哪里去了？视野中为什么再不见她们的倩影？甚至还可以让孩子去想，假如诗人活在当代，他又会作何吟？作何感……这等反差难道不会在孩子心里掀起一场风暴吗？

我不知道老师们在沉醉于"飞流直下三千尺，疑是银河落九天""青山横北郭，白水绕东城"的当儿，有没有升起过一丝隐隐的伤感和悲情？有没有把一份疼痛悄悄传递给台下的孩子？如果有，如果能把这粒"痛"埋进孩子们的心里，那我要替我们的教育和家长感到庆幸，要为这位老师鼓掌——感谢他为孩子接种了一支珍贵的精神"疫苗"！因为在未来，这粒小小的"痛"或许会生出郁郁葱葱的"良知"来……

今天他们是孩子，可明天他们是成人。鲁迅说：谁拥有孩子，谁就拥有未来！

我相信，携带这支"疫苗"的孩子，多少年后，当面对一片将被砍伐的森林、一条将被推土机铲平的古街时，至少一丝心痛和迟疑总是有的吧？这就有救了，最终阻止无知与粗鲁的，或许正是那一丝迟疑和心痛——而它的源头，或许正是当年的那一节课，那一支无声的"疫苗"！

其实，又何止语文课！地理、音乐、美术、哲学、生物、历史……哪个不包含着丰饶的自然信息和生命审美？哪个不蕴藏着比僵硬的笔画、词条、年代、人名、事件和"中心思想"更辽阔的人文资源和精神含量？关键看你能否感受到那些信息，并有力地展示和传递那些信息。

如果连最日常、最初级的人文课堂都无法让孩子树立起"热爱自然""尊重生命""保护动物"的信仰，当他们进入成人行列后，那些所谓的环保宣传和口号标语又有什么用呢？影响一个人终生价值观的，一定是童年的记忆和生命印象——那些最早深深感动过心灵的细节！

遗憾的是，我们的教育大多停留在了概念说教和灌输上，而在最重要的"审美"和"感动"方面——做得远远不够。我们的老师似乎太缺乏审美习惯和艺术能力了，解读上"偷工减料"，目光也往往只有咫尺的长度……试想，从小缺乏"感动"的孩子会变成什么样的成人？所以，当今天被"吃猫"的新闻（刚从网上看到：广州餐桌上日均"吃猫"一

第三章 钻石规则：天所不欲，勿施于天

万只)惊讶得目瞪口呆时,我突然想到:这些食客曾经也是孩子,曾经也是学生,可谁告诉过他们"人不是什么都可以吃的"呢?我随即又想起了那个用硫酸泼熊的清华学生……

我曾经看过两则报道,都和"树"有关——

一位叫朱丽娅·希尔的少女,为保护北美一株巨大的被称为"月亮"的红杉树,从1997年12月10日起,竟然在这棵18层楼高的树上栖居了738天,直到树的所有者——太平洋木材公司承诺不砍伐该树。

在瑞典的语文教材和旅游手册中载有这样一件事:1971年,首都斯德哥尔摩,当市政工程的铲车朝古树参天的"国王花园"逼近时,一群勇敢的年轻人站了出来,他们高喊"拯救斯德哥尔摩"的口号,用身体组成人墙,挡在那些美丽的百年古树前面……终于,政府做出了让步,将地铁线绕道而行。多么幸运的古树啊,而新一代的瑞典人,在享受古树的阴凉的同时,也更加珍惜这来之不易的绿色。几十年来,那些护树者,一直被瑞典公民视为心目中的英雄。

读这些报道的时候,我深深被打动了。一群多么勇敢和纯洁的心灵啊,其力量来自于对生命和地球的热爱,其心灵像那些大树一样美丽而健康!我深信,他们之所以有这样的举动,与其童年教育和自然意识的启蒙有关,与其早年积淀的与树有关的审美记忆和生命情结有关——这热爱一定是童年就埋藏在心中的,正是那些深刻的印象刺激和鼓励着他们,才使之做出这般不顾一切的举动……

十年树木,百年树人。我想,我们的教育为什么"树"不出这样的"人"来呢?

像"树"一样郁郁葱葱、根深叶茂的"人"!

第二十二节　环境陶冶人

心灵礼仪导航

> 人生存、生活于一定的环境中，环境在潜移默化中影响人、熏陶人。如果说自然生态等"硬环境"关乎人的健康，那么人文等"软环境"则能够滋养人的心灵、培养人的素质、锻炼人的精神。

一、为什么说环境陶冶人——人文环境滋贤良

家庭是孩子接触的第一个环境，家庭中的人文因素对孩子的影响最大、最直接。

关爱是最好的人文因素，在这种环境里长大，子孙必贤。真正的风水宝地，在人的心中。

从前，有一户人家，请风水先生给父母看坟地。

主人与风水先生往村南走，边走边聊。

此时正是杏子黄熟时节，行至离主人家的地不远处，主人却停住脚步说："先生，咱们不往南走了，先到村西地里看看。"

风水先生问："为什么？"

主人说："我家城南地里的杏树上有一窝斑斑（方言，即斑鸠），你看南边杏林上斑斑乱飞，怕是有娃在摘（偷）杏儿呢。咱们这下过去，娃们一骇怕（方言，即受惊吓），从树上掉下来摔坏了咋办呢？"

风水先生将罗盘一合，放入褡裢，向主人一抱拳："主儿家，这坟地不用看了，埋到阿哒（方言，即哪儿）都是风水宝地，子孙必贤。"说罢，一捋胡须，哈哈大笑，转身离去。

俗话说："奸诈人家生恶子，慈善户门养贤良。"走南闯北、见多识广的风水先生一定深知，哪怕只是问寒问暖的只字片言、仁爱关切的细小动作，都能看出一个人的家世渊源，更有可能看出未来的人运、家势走向，从而得出准确的"预言"……

不打不成器、恨铁不成钢、打是亲骂是爱等，是中国家庭暴力的理论基础。殊不知，打骂孩子是最简单粗暴、最野蛮无知、危害性最大的方法。

居民楼里常常会响起孩子们的哭叫声，伴随着父母愤怒的打骂声，事情的起因不外是孩子的作业写得不好、考试考得不好、在学校和别的同学打架了等，那是孩子受到皮肉之苦的最普遍、最合理的注解。有一次我听见邻居家在上演了这幕暴力剧以后各个当事人的解释：那个打儿子的父亲愤怒地对前来劝阻的邻居吼叫着说："我不揍他别人会以为他没人管教。"孩子的母亲则对她的儿子说："别哭了，你爸爸也是为你好，他是恨铁不成钢啊！"只有孩子没有说话，他仍然哀哀地哭泣着，哭泣是他对暴力采取的唯一的态度。

我一直忘不了这男孩的哭声，他因为太小，可能还不知道大人们所说的那一套理论有什么根据。我不知道这样的孩子长大以后会不会思考长辈们的理论，也许他不会记得儿时所犯的错误，却记住了父母对他说的话，那样他自己的孩子就要遭殃了。

在家庭环境中，父如山，涵养水土，遮挡风雨，立在那里，把孩子托起来看世界；母如水，处处环绕滋润着，是动态的、美的。假如山是荒芜的，寸草不生；水是污水，或干涸了。这样的穷山恶水，能长出好孩子吗？

二、环境造就天使与恶魔——用文明智慧调节人文环境

开放的大学有一种神奇的力量，能使附近地区成为治安最好的地带。

这就是大学的另一种作用。

一百多年前，世界著名学府哈佛大学的校园南墙外是一个贫民窟，治安环境十分不好。于是，校方决定在南墙外修一道围墙，将学校与外界隔离开。可事与愿违，治安环境变得越来越糟糕。经过如此反复几次，校方发现围墙这种"封校"的做法根本没有效果。于是他们推倒围墙，长年累月地向社会各界开设免费课程。这种效果出奇的好，赢得了广大市民的赞扬，而且南墙一带很快成为哈佛治安最好的地带，南墙外的居民也成为热爱学习的积极分子。这就是教育的力量。

文明环境能使人变成天使，野蛮环境能使人变成魔鬼。

有一位美国教授，每一次来中国都要去软件市场，寻找中国盗版的美国软件，盗版软件物美价廉，教授乐而忘返。我能理解这位教授的嗜好，那些刚"出炉"的美国软件，如果在美国本地买，实在是太贵了，贵到连教授也买不起的地步。但我私下也想：在美国的制度的环境下，他敢这么干吗？允许他这么做吗？看来美国人和任何其他民族的人一样，既不是天使，也不是魔鬼，一旦脱离本土制度约束，人性中的弱点就会出现，甚至开始放纵自己。

可以选择、可以改造的是环境，不可选择、不可改造的是人性。随着社会环境的开放，越来越多的人会认识到地不分东西、人不分黄白，都具有普遍人性；普天之下，率土之滨，并不是莫非王臣，而是长着同样屁股的猴子。这个时候能够区别高下的，只有环境：是约束人性，还是放纵人性。

三、环境陶冶人的理论——破窗理论、旁观者效应、路径依赖

1. 破窗理论。对于影响深远的关乎灵魂的"小过错"，"小题大做"地去处理，正是及时修好"第一块被打碎的窗户玻璃"的明智举措。

多年前，美国斯坦福大学心理学家津巴多进行了一项实验。他找了两辆一模一样的汽车，把其中的一辆摆在帕罗阿尔托的中产阶级社区，而将另一辆停在相对杂乱的布朗克斯街区。他把停在布朗克斯的那一辆的车牌摘掉了，并且把顶棚打开，结果这辆车一天之内就被人偷走了。

而放在帕罗阿尔托的那一辆,摆了一个星期也安然无恙。后来,津巴多用锤子把那辆车的玻璃敲了个大洞。结果,仅仅过了几个小时,它就不见了。

以这项实验为基础,政治学家威尔逊和犯罪学家凯琳提出了破窗理论。这一理论认为,如果有人打坏了一个建筑物的窗户玻璃,而这扇窗户又得不到及时的维修,别人就可能受到某些暗示性的纵容去打烂更多的窗户玻璃。久而久之,这些破窗户就会给人造成一种无序的感觉。在这种公众麻木不仁的氛围中,犯罪就会滋生、蔓延。

破窗理论在企业管理中也有重要的借鉴意义。

在日本,有一种称作"红牌作战"的质量管理活动:① 清理:清楚地区分要与不要的东西,找出需要改善的事物;② 整顿:将不要的东西贴上红牌,将需要改善的事物以红牌标示;③ 清扫:有油污、不清洁的设备贴上红牌,藏污纳垢的办公室死角贴上红牌,办公室、生产现场不该出现的东西贴上红牌;④ 清洁:减少红牌的数量;⑤ 修养:有人继续增加红牌,有人努力减少红牌。"红牌作战"的目的是,借助这一活动,让工作场所得以整齐清洁,营造舒爽的工作环境,久而久之,大家都会遵守规则,认真工作。许多人认为,这样做太简单,没什么意义。但是,一个企业的产品质量是否有保障的一个重要标志,就是生产现场是否整洁。这是破窗理论在企业管理中比较直观的一个体现。

破窗理论更重要的价值还在于,企业对待随时可能发生的一些"小奸小恶"的态度,特别是对触犯企业核心价值观念的一些"小奸小恶","小题大做"的处理是非常必要的。

美国有一家以极少辞退员工著称的公司。一天,资深熟手车工杰瑞为了赶在中午休息之前完成三分之二的零件,在切割台上工作了一会儿之后,就把切割刀前的防护挡板卸下放在一旁,因为这样收取加工零件更方便、更快捷一点。大约过了一个多小时,杰瑞的举动被无意间走进车间巡视的主管逮了个正着。主管大发雷霆,除了要求杰瑞立即将防护挡板装上之外,又大声训斥了半天,并声称要作废杰瑞一整天的工作量。事已至此,杰瑞以为这件事就结束了,没想到,第二天一上班,有人便通知他去见老板。在那间杰瑞受过好多次鼓励和表彰的总裁室里，杰瑞听到了要将他辞退的处罚通知。总裁说："身为老员工，你应该比任何人都明白安全对于公司意味着什么。你今天少完成几个零件，少实现了一些利润，公司可以换个人换个时间把它们补回来，可你一旦发生事故失去健康乃至生命，那是公司永远都补偿不起的……"

离开公司那天，杰瑞流泪了，工作了几年时间，杰瑞有过风光，也有过不尽如人意的地方，但公司从没有人对他说不行。可这一次不同，杰瑞知道，他这次触及的是公司的灵魂。

2. 旁观者效应。若与冷漠的集体性格缺陷混杂在一起，"见死不救"的事件就会层出不穷。

1964年3月，在纽约的克尤公园发生了一起震惊全美的谋杀案。一位年轻的酒吧女经理在凌晨3点回家的途中，被一名不相识的男性杀人狂杀死。这名男子作案时间长达半个小时，当时，住在公园附近公寓里的住户中有38人看到或听到女经理被刺的情况和反复的呼叫声，但没有一个人下来帮助她，也没有一个人及时打电话给警察。事后，美国大小媒体同声谴责纽约人的异化与冷漠。

然而，两位年轻的心理学家巴利与拉塔内并没有认同这些说法。对于旁观者的无动于衷，他们认为还有更科学的解释。为了验证自己的假设，他们进行了一项实验。他们让72名不知真相的参与者，以一对一或四对一的方式，与一名假扮的癫痫病患者保持距离，使用对讲机通话。在交谈过程中，那个假病人突然大呼救命。事后的统计数据表明，在一对一通话的那组，有85%的人冲出工作间去报告有人发病；而在有四个人同时听到假病人呼救的那组，只有31%的人采取了行动。

这样，对克尤公园的事件有了令人信服的社会心理学解释，两位心理学家把它叫作旁观者介入紧急事态的社会抑制，更简单地说，就是旁观者效应。他们认为，正是因为在紧急情况发生时有其他的目击者在场，才使每一位旁观者都无动于衷。

根据这个效应回想一下媒体曾报道过的小孩子落水事件。旁观者甲本想下水救人，但又有些犹豫，他想看看其他目击者乙、丙等人的反应，又转念一想，这么多人都看到小孩子落水，总会有几位下去救的，自己就不下去了吧。犹豫之间，小孩子被水吞没了。居然没人下水！甲不禁心里有些内疚，再一想，要责怪、要内疚、要负责任，也是和乙、丙等数人分担，没什么大不了的。于是，他走开了。

就这样，一桩桩旁观者众多却"见死不救"的事件产生了。这种现象产生的原因之一，正在于旁观者效应，这种效应又与人们一般以为的世态炎凉、人心不古之类的社会氛围及看客的冷漠等集体性格缺陷混杂在一起。

3. 路径依赖。人们一旦选择了某种制度，惯性的力量就会使这一制度不断自我强化，让人轻易走不出去。

新制度经济学中，"路径依赖"是一个使用频率极高的概念，说的是人们一旦选择了某种制度，就好像走上了一条不归之路，惯性的力量会使这一制度不断自我强化，让人轻易走不出去。看完下面这个故事，或许我们就会相信经济学家们并不是在故弄玄虚。

将5只猴子放在一个笼子中，并在笼子的中间吊上一串香蕉，只要有猴子伸手拿香蕉就用高压水教训所有的猴子，直到没有一只猴子敢动手。实验的下一步是用一只新猴子换出笼里的一只猴子。新来的猴子不知这里的"规矩"，动手去拿香蕉，结果竟触怒了原来笼子中的4只猴子，于是4只猴子代替人执行惩罚的任务，把新来的猴子暴打一顿，直到它服从这里的"规矩"为止。实验人员如此不断地将最初经历过高压水惩戒的猴子换出来，最后笼子中的猴子全是新猴子，但再没有一只敢去碰香蕉。

爱吃香蕉是猴子的天性，可是偶然出现一种"不许拿香蕉"的制度后，这一违背猴子天性的制度居然被强化成为第二天性，真是咄咄怪事！最初，猴子们不让群体中的任何一只去拿香蕉是合理的，为的是免受"连坐"的惩罚，但后来一切"物是人非"，高压水不再介入，新猴子却也固守着"不许拿香蕉"的制度不变。多么可怜的猴子，多么可怕的路径依赖！

上面的小故事让我们感到路径依赖的可怕与不合理。而下面的这则故事，也许会让你对路径依赖的威力印象更深，并从中体会到几许悖谬与幽默。

美国铁路两条铁轨之间的标准距离是4.85英尺（约1.48米）。这是一个很奇怪的标准，究竟从何而来的？

原来这是英国的铁路标准，因为美国的铁路最早是由英国人设计建造的。那么，英国人为什么用这个标准呢？

原来英国的铁路是由建电车轨道的人设计的，而这个4.85英尺正是电车所用的标准的。那么电车轨道标准又是从哪里来的呢？

原来最先造电车的人以前是造马车的，而他们是用马车的轮距做标准。那么，马车为什么要用这个轮距标准呢？

因为如果那时候的马车用其他轮距的话，马车的轮子很快就会在英国的老路上撞坏。这又是为什么呢？

因为这些路上的辙迹宽度为4.85英尺。这些辙迹又是从何而来呢？

辙迹是古罗马人定的，4.85英尺正是罗马战车的宽度。如果用不同的轮宽在这些路上行车的话，轮子的寿命不会长久。我们再问：罗马人为什么用4.85英尺作为战车的轮距宽度呢？

原因很简单，这是两匹拉战车的马的屁股的宽度。故事到此应该完结了，但事实上还没有完。

下次你在电视上看美国航空飞机在发射台上的雄姿时，请留意看，在它的燃料箱的两旁有两个火箭推进器，这些推进器是由设在犹他州的工厂所提供的。如果可能的话，这家工厂的工程师希望把这些推进器造得再胖一些，这样容量就会大一些。但是他们不可以，为什么？

因为这些推进器造好后，要用火车从工厂运到发射点，路上要通过一些隧道，而这些隧道的宽度只比火车轨道的宽度宽了一点点，然而我们不要忘记火车轨道的宽度是由马的屁股的宽度所决定的。

因此，我们可以断言：今天世界上最先进的运输系统的设计，可能在两千年前便由两匹马的屁股宽度决定了。

第二十三节　以乐助人

心灵礼仪导航

> 快乐是一种才华。人们在帮助别人的同时，也帮助了自己，或者说从心理上充实了自己，使自己也得到了快乐。一个快乐的人不一定是最富有、最有权势的，却一定是最聪明的。他的聪明就在于懂得人生的真谛，那就是，花开不是为了花落，而是为了灿烂。

一、为什么要以乐助人——助人者自乐

印度哲人奥修在《生命的真意》一书中写道："每一样东西都依赖其他东西。当你看着一朵玫瑰花的时候，你感到快乐——你的快乐是玫瑰花创造的。现在科学家已经证明，当你快乐的时候，玫瑰花也感到快乐……如果你爱玫瑰花，它就会长得更快，它就会开出更大的花束，因为有人在关心它，在爱它，在看它；如果没有人爱它，它就不会快乐，也不会开出这么大的花朵。"

世界上的万物都是相互依赖的，生命的整体都是相互依存的。你使它快乐，它也会使你快乐。

如果你能使一朵鲜花快乐，不用自己的手随意折断它，那么鲜花也会使你快乐，在你苦闷、烦恼时为你送上一缕醉人的馨香。

如果你能使一棵小草快乐，不用自己的脚随意践踏它，那么小草也

会使你快乐，在你满目枯黄时为你送去一抹耀眼的新绿。

如果你能使一条小溪快乐，不把污秽随意抛向它，那么小溪也会使你快乐，在你口干舌燥时为你送上一捧甜蜜的甘露。

如果你能使一块泥土快乐，不随意地占用它、糟践它，那么泥土也会使你快乐，在你饥肠辘辘时捧上一缕稻麦的清香。

如果你能使一株树木快乐，不狠心地斧砍锯伐它，那么树木也会使你快乐，在骄阳似火你无处藏身时，为你送上一丝凉爽和一片浓浓的绿荫。

如果你能使一只小鸟快乐，不残忍地赶尽杀绝它，那么小鸟也会使你快乐，在霞光映透窗棂的时候，为你轻轻弹奏一段泉水般的美妙旋律。

如果你能使一缕空气快乐，不把呛人的滚滚浓烟随心所欲地投向它，那么空气也会使你快乐，在高楼林立、环境污浊的大城市，为你时时送来一股清新宜人的晨风。

如果你能使一处山水快乐，不按个人的意志随意破坏它，不把人间的怨气随意发泄到它身上，那么山水也会使你快乐，在你忍受不了城市的喧嚣、烦躁想出来散散心时，为你送上一处让你心旷神怡的秀丽风景……

听朋友讲过这样一个故事。一位女教师到残疾人学校讲课时丢了钱包，遇到这事多数人都不会快乐。女教师却说："虽然丢钱不快乐，但一想到我丢了钱，肯定有人捡到钱，那么捡到钱的那个人一定会快乐。我知道有人在快乐，所以我也就快乐了。"不久，捡到钱包的残疾学生拄着双拐来给她送钱，女教师的一份快乐又变成两份快乐了。

不仅世上万物是相互依赖的，在社会中，千千万万个人也是相互依赖、相互依存的。你给别人一个烦恼，别人也会还你一个烦恼；反之，你送别人一个快乐，别人也会赠你一个快乐。

你使你的邻居快乐了，邻居个个对你笑脸相迎，岂不让你更快乐？你使你的朋友、同事快乐了，他们人人见你如春风拂面，给你的何止是一个快乐？你使你的父母妻儿快乐了，父母妻儿的快乐难道不让你加倍快乐吗？甚至你使你所住的村庄、小区、街道、城市快乐了，那么，每天包围着你的，到处回赠给你的，便是不尽的快乐……

美国心理学家威廉姆斯讲述了这样一个故事。他有个年轻的女病人苔斯，几年前因失恋得了忧郁症，从原来居住的美国东北部移居到中西部来生活。苔斯很快就发现，中西部人们的生活习惯与东北部居民有很大的不同。中西部的生活节奏缓慢，人与人之间的关系很和谐。好几次，她从停车场出来上车道，尽管车道上排着长长的车队，却总是有人给她让道。这种彬彬有礼、先人后己的行为，让她深受感动。一个早晨，她让一辆大卡车先行，结果深受感动的卡车司机后来在路上从后视镜里发现苔斯的车没油停下来了，就停下车取出自己的备用汽油加进苔斯的车里，并"护送"苔斯到附近的加油站加足了油，后来这两个年轻人竟然喜结良缘。苔斯的忧郁症从此不治而愈了。

这听起来像个浪漫的电影故事，心理学家却认为其中蕴含着深刻的科学道理。美国一家心理学杂志发表了一个大型心理问卷的调查结果，结果表明经常帮助别人的人明显比不乐于助人的人快乐。用快乐指数或生活满足感指数来测量，前者要比后者高出 24 个百分点。从精神病流行病学的角度来看，前者患忧郁症的可能性要比后者低得多。研究人员由此得出结论，养成助人为乐的习惯是预防和治疗忧郁症的良方。助人为乐的结果往往是双赢，既帮助了他人，同时也给自己带来一份金钱买不到的快乐。

二、如何以乐助人——快乐是一种心态

有人说："人比人得死，货比货得扔。"我不同意这种说法。人作为社会中的一员，不可能不与其他人发生联系，也不可能不拿自己的境遇和别人做比较，问题的关键不在于比较与否，而在于如何比较。一种比较可靠的比法是，不比人有己无的，只比人无己有的。就像有人开玩笑说的，不要与游泳冠军比游泳，要和他比下棋。也许你会说这样做有点"阿Q"，但如果这样做能使你保持一颗平常心，能够快乐而安然，"阿Q"一点又何妨？更何况这样做并不危害他人。

但这只是第一步。在获得平常心后，人应该与自己比一下，与一年

前、一个季度前哪怕是一周前相比，问问自己有了哪些进步，还有哪些不足，哪些需要继续，哪些需要改变。须知，今天问不清楚的事情，明天可能就会成为问题。只有经常与自己比，尽可能地不断进步，人才有可能得到更多的快乐的资本，快乐才会成为一种习惯。

快乐是热爱自己的一种方式。我从来都不相信，一个不热爱自己的人能够持久地热爱生活、热爱他人，往往是，一个懂得自爱与自尊的人，才可以始终如一、义无反顾地热爱与自己相关的一切——家人、朋友、儿童、花草、动物、自然。

从生理的角度来看，长期保持快乐，对人的外貌和性格不可能不产生内在的影响。一般来说，在面貌上流露出的情感是最真切不过的，它们流露惯了，就会在脸上留下持久的痕迹，一个快乐的人将富有魅力，这种魅力又将通过他人反作用于自身，使自己更加从容而自信。

从心理的角度来说，快乐是对自己的热爱，也是对他人的宽容。一个与自己过不去的人，是很难放过别人的，一个人心理上的伤疤很容易映射到人际关系中。柏杨很清楚地认识到了这个问题，便提出了"男人一过三十就要为自己的相貌负责"的观点。在他看来，不论生活怎样艰难，一个人都不应该一脸愁容、怒容。从这个角度看，快乐不仅是对自己负责任，也是对别人负责任。因为，微笑与一切其他情绪一样，都是颇具传染性的。

快乐会造就一种心态，而这种心态会产生一种力量，一种改变命运、获得幸福的力量。心态可以说是我们体内几百万条神经作用的结果，而快乐就是使这几百万条神经兴奋起来的火种，廉价又无价。

三、以乐助人的理念——助人是为了快乐

各时代、各个人都有不同的快乐观。但古老的悲悯情怀与新人类的逻辑总能殊途同归——助人，都是为了快乐。

我只比表弟小强大 6 岁，但想法却天差地别——我以为天经地义的事，他却认为缺乏逻辑。那天，看到一则有关失学儿童的报道，我建议"我们每人捐 300 元"，话音刚落便遭到小强的嘲笑，他还说出一番道理：

"第一，这类事情，社会福利机构和保障部门责无旁贷，怎能频繁以号召募捐的方式转嫁到个体身上去？第二，为什么要助人为乐？助人为乐对我有什么好处？"

我瞠目结舌，差点没晕过去："好处？助人为乐属于人格完善的范畴。助人者，善良也；不助人者，冷漠也。帮助别人不是投资，居然还指望回报？这么多年从小学到大学你接受的教育全失败了！"

学经济学的小强反驳我说："不，愿不愿意助人跟人格没有直接关联，而是一个经济范畴的话题，表明了投资与回报的关系。"为证明自己的观点，他列了一张表，题目是《助人的支出》。

假设支出300元，这300元如果用于自我投资，等于——

1. 一张256MB的数码相机存储卡。
2. 坐在豪华影院里，把"指环王三部曲"翻来覆去看三遍。
3. 买4套北京博物馆通票，看卢沟晓月、爬碓臼峪……
4. 把女朋友渴望已久的几米绘本系列送给她。
5. 请朋友在星巴克消磨若干个下午。

毫无疑问，对于一个新人类来说，他认为以上支出才是有价值的投入，而且其成效立竿见影。比如，女朋友的笑脸，朋友之间的倾心交流、旅游、看电影时的身心愉悦，这些回报近在咫尺，触手可及。至于远方的、看不见摸不着的一个小孩，于他又有什么意义呢？300元的捐款，既不能使他青史留名，也不意味着将来会有人登门报恩。他又说："我每月依法按时纳税，国家用于扶贫、救灾的拨款里也有我的贡献，既然我已经尽到了责任，那为什么还一定要去献爱心呢？"

我怔怔地看着他，说不出话来，能用长辈教育过我的一套去说服他吗？如果我说让他学雷锋，让他做一个伟大的人。他可能会问："为什么要做伟大的人？我只想做个普通人，有小算盘、小欲望的普通人。还有，雷锋幸福吗？雷锋连场正儿八经的恋爱都没谈过……"新人类成长得太快了，快得让传统的道德说辞都变成了古董。

虽然新人类不是靠大道理去说服的，但毕竟还是有血有肉的人。过了几天，小强跑过来，叽叽喳喳跟我讲他的见闻："我被头儿派去采访一个女孩，她得了癌症，从确诊到今天坚持了四年之久，创造了生命的奇迹。站在她家客厅中央，我几乎不敢相信自己的眼睛。这个女孩住在北京，离繁华的西单商业街只有一步之遥，18平方米的斗室（包括厨房、卫生间在内）住着爸爸、妈妈、她三个人，古老的地板革，石灰斑驳的墙面，无不表明这个工薪家庭的经济状况……"这个女孩需要帮助，父母两人一个月的收入才一千多元，而她一次急诊，住院押金就要两万。听着小强的转述，我能看到女孩倔强的生命之光。

"你会不会捐钱？"我目光灼灼地看着小强。

"让我想想。"小强有些沮丧，显然他心中的某一根弦已经被强有力地拨动了。不过，他还需要一个强有力的理由支撑他的"投资"逻辑："捐钱，助人为乐——有什么好处吗？"

第二天，小强告诉我，他捐了300元。"看，善行不一定给人带来看得见的好处，但我们应该去做。"我以为他终于放弃了他的逻辑，高兴地说。谁知他淡淡地看我一眼，并不作答，而是又给我列了一张表，这次的题目是《助人的回报》。

支出300元，得到的回报是——

1. 女孩先惊后喜的表情，然后，泪花一下子涌到眼眶，却流不出来，只是冲着我点头，动人地微笑，这是我见过的最美的微笑。

2. 女孩父亲骑车送我去地铁站，这是成年以后第一次坐在别人的车座上，耳边的风声跟儿时一样温馨安静。

3. 忽然觉得世界很干净，包括拥挤的地铁、地铁中的乞者、大大咧咧的售票员……与热闹的生活贴近了一分。

4. 在这个冬夜，心里感到如释重负的安宁和温暖。

5. 如果把300元用于个人投资，仅能收获一次微笑、几本书、几个有形的物体，其有效期是几秒钟、几天、几个月，而这一次的有效期，可能是一年，甚至是一辈子。

"我在想，有些'时尚项目'那么贵，而我眉头也不皱一下，为什么？因为它们能满足某种心灵诉求。谁知这微不足道的300元在短短一瞬间给我的震撼，并不逊色于'时尚项目'。由此可见，善行同样是有回

第三章 钻石规则：天所不欲，勿施于天

报的，回报的是双重快乐，所以更值得我们付出。"小强还是用他那套逻辑在分析。新人类不说"应不应该"，而说"值不值得"，只要能带来生命中真实的幸福感，他们就心甘情愿地为之埋单。

自那以后，"助人"和"去星巴克""看几米漫画"等一样，都成为小强"时尚消费"中的一项，古老的悲悯情怀与新人类的逻辑从此殊途同归。

第二十四节　崇敬生命

心灵礼仪导航

> 我们敬畏地球上的一切生命，不仅因为人类有怜悯之心，更因为它们的命运就是人类的命运：当它们被杀害殆尽时，人类就像最后一块多米诺骨牌，接着便倒下了。一个人做任何事都不应该以鲜血，甚至以生命为代价，即使我们有天大的理由，也不应该轻视生命。

一、为什么要崇敬生命——任何生命都有价值

只有当我们拥有对于生命的敬畏之心时，世界才会在我们面前呈现出它的无限生机，我们才会时时处处感受到生命的高贵与美丽。

弘一法师在圆寂前，再三叮嘱弟子把他的遗体装龛时，在龛的四个角下各垫上一个碗，碗中装水，以免蚂蚁、虫子等爬上遗体后在火化时被无辜烧死。好几次看弘一法师的传记，读到这个细节，我总是为弘一法师对生命深切的怜悯与敬畏之心所深深感动。

法国思想家史怀泽曾在《敬畏生命》一书中写过：他在非洲志愿行医时，有一天黄昏，看到几只河马在河中与他们所乘的船并排而游，突然感悟到了生命的可爱和神圣。于是，敬畏生命的思想在他的心中蓦然产生，并且成了他此后努力倡导和不懈追求的事业。

每当读到那些关于生命的故事，我的心中总会深切地感受到生命的重量，如撒哈拉沙漠中，母骆驼为了使即将渴死的小骆驼喝到够不着的水潭里的水而纵身跳进了潭中；老斑羚为了使小斑羚逃生而一只接着一只跳向悬崖，使小斑羚能够在老斑羚即将下坠的刹那以它们为跳板跳到对面的山头上去；一条鳝鱼在油锅中被煎时却始终弓起中间的身子，它是为了保护腹中的鱼卵；一只母狼望着在猎人的陷阱中死去的小狼而在凄冷的月夜下呜咽嗥叫。其实，不只有人类才拥有生命神性的光辉。

有时候，我们敬畏生命，也是为了更爱自己。丰子恺曾劝告小孩子不要肆意用脚去踩蚂蚁，不要肆意用火或用水去残害蚂蚁。他认为自己的劝告不仅仅出于怜悯之心，更怕小孩子的那一点点残忍心以后扩大开来，以致驾着飞机装着炸弹去轰炸无辜的平民。

设想你被选为你们本地镇委员会的成员。本镇工程师带着一份建议书到你这里来了：本镇可以花 1 万美元在现在只有禁行标志的十字路口安装一个红绿灯。工程师根据类似十字路口的数据估算，在整个红绿灯使用期间可以使车祸死亡率从 1.6% 降低到 1.1%。你该花钱修建红绿灯吗？

为了回答这个问题，你需要进行成本—收益分析。所谓成本—收益分析，就是比较一种公共物品的社会成本与收益的研究。如果你要使收益与成本比较有意义，就必须用同一单位来衡量成本与收益。成本可以用美元来衡量，但收益——拯救一个人生命的可能性——不能直接用货币来衡量。为了做出决策，你不得不用美元来评价人的生命。

开始，你可能得出结论：人的生命是无价的。毕竟，无论给你多少钱，你也不会自愿地放弃你的生命或你所爱的人的生命。这表明，人的生命有无限的美元价值。

但是，对于成本—收益分析而言，这个回答会引起毫无意义的结果。如果我们真的认为人的生命是无价的，我们就应该在每一个街角都安上红绿灯。同样，我们应该要求每一个人都开配有全套最新安全设备的大型车，而不开安全设备不完善的小型车。但事实上，并不是每个路口都有红绿灯，而且，人们有时会选择购买没有防撞气囊或防抱死刹车系统的小型车。无论在公共决策还是私人决策中，我们有时为了节约一些钱愿意用自己的生命来冒险。

一旦接受了一个人的生命有其隐含的美元价值的思想，我们如何确定这种价值是多少呢？有一种法院在判决因过失造成损失时所用的方法，就是考察一个人如果活着能赚到的总钱数。经济学家经常批评这种方法，因为这种方法认为退休者和残疾人的生命没有价值。

评价一个人生命价值的一种较好的方法是，观察要给一个人多少钱他才自愿从事有生命危险的工作。通过比较职业风险、受教育程度、经验不同的工资和其他工资决定因素，经济学家得出的结论是，一个人生命的价值约为1000万美元。

现在我们回到先前的例子，并答复工程师。红绿灯减少的车祸死亡率为0.5%，因此，安装红绿灯的预期收益是0.005乘以1000万美元，即5万美元。这种估算大于成本1万美元，所以，你该批准这个项目。

二、如何珍爱生命——从容、镇静、博爱

衡量一个人是否真正高贵，就看他是更珍爱金钱，还是更珍爱生命。

阿普达是英国伯明翰南部山区的旅游观光小镇，保留了维多利亚时期的很多特色，至今仍使用马车代步。艾迪是镇上一家出售特色草帽的小工艺店的老板。半年前，艾迪和邻近的迪克鲁斯镇上的姑娘苏菲相爱了，可镇上大法官的儿子洛克也看上了苏菲，发誓非她不娶。

几天前，苏菲告诉艾迪，她父母对洛克家的背景很满意，但在听说苏菲爱上了卖草帽的艾迪后非常生气，并且打电话给远在伯明翰当医生的苏菲的哥哥博格，要他回家阻止妹妹。另外，博格也打算近期回家给父亲做一个手术，切除父亲额头上的良性肿瘤。"百合节"要到了，按照习俗，镇上的男孩都会在这天到心爱的女孩家送上一份价值不菲的礼物，借此表明心迹。苏菲抽泣着要艾迪想办法，送一份能够打动她父母的厚礼。

艾迪咬咬牙，取出了全部积蓄，共6000英镑，但他想来想去不知买什么，于是就把这些钱都放在他母亲留下来的一个梳妆匣子里。他想把

钱都带给苏菲,让她自己用这些钱去挑选礼物。

"百合节"这天早晨突降暴雨,艾迪急匆匆地起了床。阿普达和迪克鲁斯两镇相隔几十千米,山路崎岖不平,马车是唯一的交通工具。马车夫亨特驾着车来到了艾迪门前。半小时后,马车来到镇中心,艾迪远远看见洛克站在路边,洛克也要去苏菲家送礼。

"亨特,给我把画搬上去,千万小心,光那个檀香木框就抵得上你十几辆马车!"洛克大声嚷嚷着跳上了车,"嘿,这不是艾迪吗!你不会也是要到苏菲家去吧?准备了什么厚礼啊?"听着洛克的揶揄,艾迪没接腔,他很是自卑。

瓢泼大雨让马车的速度越来越慢,以前只要三四个小时的路程,今天走了七八个小时还没到,现在离迪克鲁斯镇还有好几千米山路呢!此时大雨滂沱,天色渐渐暗了下来。马车在经过一条岔道时,一个浑身湿透的中年男子拦在前面,他提着一只便携式手术箱:"对不起,能让我搭乘一段吗?我去前面的迪克鲁斯镇。"这个中年男子告诉他们,他坐的马车在半路坏了,只好徒步前行了十几千米路。

"快上来吧!"艾迪忙招呼这名男子坐下,他得知男子叫博格。洛克不满地哼了一声:"小心些,别弄坏了我的画!你赔不起!"

道路越来越泥泞,突然马停下来不走了,它可能累坏了。洛克气急败坏地猛踹马屁股,马受到惊吓,飞快地向前冲去。前方正是一个斜坡,还没等他们回过神来,马车就向路旁倾覆,他们滚进了数米深的坡底。

一阵眩晕过后,艾迪睁开了眼睛,四周一片昏暗,洛克和博格也躺在附近的泥泞里呻吟,不过他们还可以站起来。但艾迪突然发现亨特半天没有爬起来。"哦,上帝,他腿上流了好多血!"在艾迪点燃的打火机的光芒里,洛克惊恐地指着亨特右大腿下的一汪鲜血,叫道。

"让我看看。"博格蹲下身察看伤情。亨特已经昏迷,一根尖树枝刺穿了他的大腿,鲜血从他的大腿股动脉汩汩流出。"动脉破裂了,他失血过多,必须立即缝合动脉止血!"博格果断地说,接着他又以医生的口吻命令艾迪和洛克:"去把我的手术箱找来!"

博格接过艾迪从泥泞中找到的手术箱,取出手术刀和缝合伤口用的针线，然后与艾迪合力将亨特抬到一块突出的崖壁下。

就在博格准备开始进行手术时，他发现天色实在是太暗了，根本看不清楚亨特伤口的准确位置。"快点燃打火机。"博格急切地说。衣物都被雨水打湿了，无法点燃，艾迪只好一直摁着打火机。借着微弱的光芒，博格开始给亨特实施手术，然而，打火机油就快耗光了，火光越来越微弱。"我还需要3分钟，你们身上还有什么可以用来照明吗？"博格心急如焚地问。

"对了，年轻人，你的画用塑料布包着，应该是可以点燃的。"听到博格问起了自己，洛克开始支支吾吾："这……下着雨……要是打开就毁了，那可是幅名画，值很多钱。"

这时，艾迪突然想到了匣子里的6000英镑，他赶紧将它们找出来，还好，钞票并没有被雨打湿。"快缝合伤口！"艾迪迅速点燃了一张张钞票，微弱的火光映着他有些苍白的脸。

3分钟过去了，6000英镑烧成灰烬，手术也终于完成了，艾迪和博格都瘫软在泥地上。"小伙子，你身上怎么带着这么多现金？"博格忍不住发问了。"那是我准备给心爱的苏菲买礼物的，现在，我一无所有了！"艾迪伤心地说。

"苏菲？"博格轻轻念道，很快地拍了拍艾迪的肩，"放心吧，小伙子，这个女孩会属于你的！"这时，远处传来了马车声，原来苏菲的家人得知博格今天要回来却迟迟没到后，派人来接他了。

当洛克知道来的人就是苏菲的家人，并且得悉博格就是苏菲的哥哥时，赶忙殷勤地问这问那。但是，博格只冷冷地看了他一眼，然后他微笑着对艾迪说："小伙子，我的妹妹需要与高贵的人共度一生。3分钟里，你失去了6000英镑，却赢得了真正的高贵！"

半年后，苏菲成了艾迪的新娘。

对生命的崇敬，会使人毅然去救助生命；也正是对生命的崇敬，使一个人获得了真正的高贵。

三、生命的感动——爱的力量无限

电视台正在播放一档节目，名为《超越极限》。参赛者被选中后，须在规定时间内吃掉一盘让人毛骨悚然的食物——活的蚯蚓、蜘蛛……场面刺激，直接挑战人的嘴、胃和心理承受能力。

那期节目从头到尾，尝试者不乏其人，但几番努力，终于还是败下阵来，到最后竟无一人从容过关。

妻说："换了我，我也无论如何吃不下去，真恶心。"在女人中，妻算勇敢的了，一次在车上遭遇小偷，人人明哲保身，视而不见。唯有妻挺身而出，坤包甩过去，将小偷的刀打落在地。

"那要是给你很多钱呢？"我故意问，"比如说两万，你敢不敢吃下去？"

妻毫不犹豫地摇头。

"两万太少，要是两千万呢？一辈子锦衣玉食，你吃不吃？"我接着寻找可能的条件。

妻想了一会儿，仍摇头："确实诱人。但要真吃下那盘东西，我想我下半辈子再也吃不下任何东西了。生无乐趣，要那些钱有什么用？"

我说："如果发生灾难，不幸被压在石堆下等待救援，无食无水，只有这些东西可以维生，我想那时候任何人都吃得下去了。"

妻说："也许那时我会吃吧，饿得晕头转向，求生的本能会战胜一切恐惧和恶心。"

"所以说想要超越极限，必须将人置于死地，否则人的潜能就不会发挥到极致。"我得意地做总结。

妻沉思着。

良久，她开口，一字一顿："只有在一种条件下，我一定会将它整盘吃下去，毫不勉强，心甘情愿。"

我问："什么？"

妻说："如果能让父亲回来。"

妻的父亲去年因肝癌去世，妻在病榻前陪伴数月，用尽所有办法，却最终无力回天，眼睁睁看着老人怀着对人世无比的留恋离去。那一段刻骨铭心的记忆遂成为妻心口永远的痛，时至今日，每每午夜梦回，泪湿枕巾，妻常说又见到父亲笑容依旧，宛如生时。

"如果能让父亲回来,那算得了什么呢?"妻的眼圈红了,面容却透着坚定。

我听着妻的话,一颗心不由得被深深震撼了。

原来,许多时候,能让我们超越极限的力量,不是名利,不是财富,甚至连自己的生命都不是,而是在血管里涌动、一次次漫过心底的爱。

有一位同学,研究生毕业那年,他的论文答辩题目是《人在什么时候最喜欢表达爱》。

他在图书馆查阅了很多资料,又访问了很多的老师和同学,结果总是不能令他满意。他决定到医院里去做一个调查,因为那里有许多悲欢离合的场面。

他的第一组调查是在临危病房中做的:当一个人将走到生命尽头时,他对家人会嘱托些什么?调查的结果是,大部分人都会说:"好好照顾爸爸妈妈,要让他们安享晚年。""好好照顾孩子,要他们好好学习,健康成长。"几乎没有人想到财富和权力,想到的都是亲人。

第二组调查是一个实验,在妇产科进行。他把随机选出的婴儿分成两组,让护士每天将分在第一组的孩子抱起来抚摸3次,每次5分钟;对分在第二组的孩子一次也不抚摸。结果第一组的孩子体重增加的速度是第二组的两倍,并且第一组孩子的皮肤明显比第二组孩子的更红润、亮泽。

于是他得出了结论:人最需要的是爱,无论是临终时,还是出生时。

凭着这两个调查,他的毕业论文得了满分。

第三章 钻石规则:天所不欲,勿施于天

第二十五节　动物有情

心灵礼仪导航

> 人有动物的特性，有些动物也有人的特性。动物的亲情虽然自私，却是博爱的基础；有些动物不仅有爱情，甚至还十分忠贞；有些动物，也是有尊严的；有些动物能自由地表达自己的悲伤，或者对同类的爱。这些感情，最原始，最粗糙，却也最纯净。

一、为什么说动物有情——动物礼爱、自尊给我们的启发

动物也讲"礼貌"，不知能否推论人的礼貌有生物学基础。如果有的话，那人若不讲礼，岂不连动物都不如？生物学家曾经做过实验，发现沙丁鱼在海里遨游时，碰到狭窄处，按"规矩"年幼的鱼会在上层列队，年老的从下层通过，从不横冲直撞。

为了观察动物的"谦虚精神"和"礼貌行为"，生物学家曾在黄蜂巢的外面罩上一个玻璃盒，结果发现，来往的黄蜂一律从左侧通行，从不违反"交通规则"。更有趣的是，如果人们把通道缩小到只能让两只黄蜂同时来往时，空身的会自动让路给负重的。

生活在热带森林中的鹦鹉的"好客精神"十分动人。它们在林中就餐时，如果发现同类或友邻鸟队从上空飞过，会高唱"迎宾曲"热情邀请其共进美餐。

另外，动物也是有尊严的，哪怕是只狗。

那一年，我认识了一位军犬训导员。我问他："最聪明的狗能达到什么程度？"他说："除了不会说话，跟人没有差别。"他的回答令我一怔，随后我说："你准是搀进了许多感情色彩吧？""不！"他说。

他给我讲述了几个关于狗的故事，都是他亲身经历的。有几个，我已淡忘了，唯有其中的一个，至今记得鲜明。在他们的营地，曾经有一条名叫"黑子"的狗，它极其聪明。有一天，他们几个训导员决定来测一测黑子的反应能力，于是想出了一个特殊的办法。他们找来了十几个人，让这些人站成一排，然后让其中的一位去营房"偷"了一件东西藏起来，之后再站到队伍中去。这一切完成了，训导员牵来了黑子，让它找出丢失的东西，黑子很快就用嘴把那件东西从隐秘处叼了出来。训导员很高兴，用手拍了拍黑子的脖颈以示嘉奖，之后，他指了指那些人，让黑子把"小偷"找出来。黑子过去了，嗅嗅这个，嗅嗅那个，没费多长时间就叼住了那个"小偷"的裤腿将他拉出了队伍。

应该说，黑子把这任务完成得极其完满，但训导员却使劲摇摇头对黑子说："不！不是他！再去找！"黑子大为诧异，眼睛里闪出迷惑的光，因为它确信并没有找错人，可对训导员又充满了一贯的绝对的信赖。"不是他！再去找！"训导员坚持。黑子相信了训导员，又回去找……但它经过了反复谨慎的辨认，还是把那人叼了出来。"不！不对！"训导员再次摇头，"再去找！"

黑子愈发迷惑了，只好又走了回去。这次，黑子用了很长的时间去嗅辨。最后，它站在那个"小偷"的腿边转过头来，望着训导员，意思是——我觉得就是他……"不！不是他！绝对不是！"训导员又吼道，且表情严厉起来了。

黑子的自信被击溃了，它相信训导员当然超过相信自己。它终于放弃了那个"小偷"，转而去找别人。可别人……都不对呀！

"就在他们那里头！马上找出来！"训导员大吼。

黑子沮丧极了，在每一个人的脚边都停一会儿，看看这个人像不像"小偷"，又扭过头去看看训导员的眼色，试图从中寻到一点迹象或表示……最后,当它捕捉到了训导员的眼色在一刹那间的微小变化时,它叼住了身边的那个人的裤腿。

当然,这是错的。

训导员及那些人都哈哈大笑了起来,把黑子笑糊涂了。之后,训导员把"小偷"叫出来,告诉黑子:你本来找对了,可你错就错在没有坚持……

一刹那间,令训导员和全体在场人们莫名意外、莫名惊恐且莫名悔恨的是,他们看到,当黑子明白了这是一场骗局之后,它极度痛苦地"嗷"地叫了一声,几大滴热泪流了出来,之后,它沉沉地垂下了头,一步一步地走了开去……

"黑子!黑子!你上哪儿去?"训导员害怕了,追上去问。

黑子不理他,自顾自往营外走。

"黑子!黑子!对不起!"训导员哭了。

但黑子无动于衷,看也不看他一眼。

"黑子!别生气!我这是跟你闹着玩呢!"训导员扑上去,紧紧地搂住了黑子,在黑子面前热泪滂沱。

黑子挣脱了训导员的搂抱,一步一步地走到营外的一座土坡下,找了个背风的地方趴下了。此后好几天,黑子不吃不喝,神情委顿,任训导员怎么哄,也始终不肯原谅他。

人们这才发现,哪怕是只狗,也是有尊严的。

它们甚至比人更有尊严!

后来黑子不再信赖它的训导员,不再信赖所有人。同时,它的性情也发生了极大的变化,不再目光如电,不再奔如疾风,不再虎视眈眈、威风凛凛……训导队没办法,只好忍痛安排它退役。

啊,黑子呀!

二、我们要向动物学习什么——善良可贵,奉献价高

动物的善良与奉献精神,让人类感动。人类啊,千万不要做灭绝善良的事。

一百年前，人们在亚马孙河两岸砍伐树木时，发现一种十分奇怪的现象：在电锯的轰鸣声中，所有动物都逃离了，唯有一种叫树虎的动物没有走。据记载，树虎是非常怕人的。工人们深感奇怪，不明白这些树虎为什么不走。

他们找来动物学家桑普。桑普的话让工人们大吃一惊，他说一定有一只树虎被树胶粘在了树上，所以其他的树虎才不走。

大家仔细搜寻，果然发现树干上有一只树虎。原来，一千只树虎里，总会有一只被树胶粘住，从此再不能动弹。让人感动的是，一动不动的树虎仍然能在世上活很多年，因为周围的树虎都会来轮番喂它。伐木工人听后被深深感动了，他们将整棵树移到森林的深处。于是，所有的树虎也都跟着迁移了。

但许多年后，树虎还是在世上灭绝了，因为它的毛皮非常昂贵。有人先将一只树虎用胶粘在树上，其他树虎便相继跟来，寻食喂养这只不能动的树虎。善良使它们纷纷落入圈套，被贪婪的猎人一网打尽。

一只北极鼠，被猎人的夹子夹住了后腿，夹子又被缠在了树上，除了等死，北极鼠别无选择。但它没死，直到一年后，它的后腿脱落，一瘸一拐地逃生了。而这一年中，总会有几只母鼠来喂养它。于是，人们又利用北极鼠的善良，将北极鼠捕获。慢慢地，北极鼠同样也灭绝了。

南非沙漠里有一种动物叫沙龙兔，沙龙兔之所以能在沙漠里生活而没有渴死，完全是因为一种团结的精神。沙漠每两年才会下一次像样的雨水，这对于任何生命都极为珍贵。每次下雨，一只成年的沙龙兔都会跑出很远，不吃不喝，不找到水源绝不回来。它在返回时，连洞也不进，因为沙漠中的雨水有时会在一天内蒸发掉。为了争取时间，平日很少见到的沙龙兔群集的景象出现了。大队大队的沙龙兔，会在这只成年沙龙兔的带领下，跑到远方去喝水。而这只成年沙龙兔，一般都会在到达目的地后，因劳累而死去。人类利用沙龙兔的这一特点，故意设置假水源，大批沙龙兔到达地点后，却发现那里根本没有水而纷纷渴死。于是，捕猎者便不费吹灰之力地把它们装入口袋。

动物的善良与奉献精神，让人类感动；而人类的残忍，却让人类自

第三章 钻石规则：天所不欲，勿施于天

己胆寒。据世界动物保护组织的调查表明，许多动物的善良、献身的精神，正是出于它们繁衍的需要。这种善良与献身，是它们能代代相传、永远生存下去的基础。世上没有任何天敌能够战胜善良，只有人类做着灭绝善良的事。

　　世上的许多动物，都是在善良和奉献中被人类利用、被人类灭杀的。所以人类要讨论的问题，并不是杀生与不杀生的问题，而是灭绝善良还是保护善良的问题。

第二十六节　分辨善恶

心灵礼仪导航

> 很小的善可以拯救众多的生命，很小的恶可以毁了一个人最大的希望。美丑以物言，善恶以事言。有时可由小善而大恶，有时可由小恶而大善；有时善恶只在一念之间，有时善恶只为一事而彻底改变。我们每个人都应该学会分辨善恶，并努力弃恶扬善。

一、为什么要分辨善恶——小善为之成大善，小恶为之招大恶

据某报报道，一位小学生冒着生命危险，从飞驰的火车车轮前捡起一分硬币，因为硬币上有庄严的国徽，他不忍其被车轮碾碎。《南方都市报》上有一篇评论，对这种乱加概念、人为拔高的做法表示了极大的反感，并辛辣地嘲讽道：如果一个人不小心将硬币掉进了阴沟里，是否就是对国徽的玷污并据此判其有罪呢？

我心有戚戚焉。长期以来，我们对待道德范畴的问题缺乏足够的理性，总是无节制地将其提升到一般人难以企及的高度。比如，过去记者在采访一位见义勇为的英雄时，总不忘问上这么一句："你在挺身而出时想到了什么？是什么力量促使你这么做的？"如果当事人回答没想到什么，记者便会加以提示、启发，直到说出令他满意的答案为止。这种情况现在虽然有所改变，但稍稍留意那些先进人物的典型事迹，我们依然

能从中发现刻意为之的神化的痕迹。

先进人物当然需要宣传，值得报道，但是，整个社会自有一套相应的道德评判标准与价值尺度，如果一种道德超越了其历史局限让一般人望尘莫及，那就是一种虚伪的道德。我们在宣传某人大公无私的精神时，常常会罗列一些细节加以佐证，如身患重病仍坚持工作，最后昏倒在岗位上；家乡拍来电报，父亲或母亲病危，希望其从速赶回，但他犹豫再三，最后还是决定以工作为重留下来……不知为何，每每看到这样的报道，我的心里就很不是滋味，不知道作者到底要向我们灌输些什么。

健康无价，生命可贵，这一份工作真的重要到连身体也不顾了吗？连请假上医院检查的时间都没有了吗？主人公的这种献身精神值得钦佩，却不宜提倡。

有时候，一个人在做好事，后面跟着的往往是一大群爱占小便宜的人。茅于轼的《中国人的道德前景》一书，对这种现象做过精彩的分析。比如，一个人本着善良的禀性，用节假日的时间帮助居民免费修理电器，结果大家都把一些已经破得无法再用的电器带来，耗费了他无数的时间和零件，换来的不过是勉强再用几天，从经济效益上说不值得，从社会效益上说也造成了一个人学雷锋、众人捡便宜的恶俗局面。所以说，做好事的人虽然值得赞赏，但作秀行为不值得推广。

至于为了工作，连亲人见其最后一面的愿望都不能满足，则令人不只是不解，更近于恐怖了。一个人来到世界上，首先面对的就是亲情，它是爱之源，是我们走向世界的出发点，更是我们与强大世界对抗时身后那个温暖的巢。一个置亲情于不顾的人是可怕的，不爱亲人，很难指望他去真正爱别人，这样的人眼里往往只有利益。有这样一则故事：古代一位皇上得了头疼病，太医说要服食少女脑髓方可痊愈。于是，一位佞臣将自己的女儿杀死，取出脑髓放在盘中，进献给皇上。结果，佞臣失宠了。一个如此残忍的人，留在身边是不是令人害怕？也许有人会觉得我这样的比方太过言重了，那么我只就事论事简单提一个问题吧：这份工作是否真的他人无法替代，而使其不能分身回家尽人子之情？我们努力工作，当然是希望得到更多的快乐，然而当其与人伦发生了如此严重的冲突时，无论如何也是悲哀的。我们并不排除因岗位特殊性等因素而使上述设问成为可能，事实上这种现象在现实中也并非罕见，但问题是不应宣扬和拔高到刻意表现主人公舍小家、顾大家之英雄气概的层面上来，因为那似乎有悖天道。

我们需要反省的事其实还有许多，我们还没有完全从那个造神时代的阴影中走出来。我们应拒绝个人英雄主义，而更多地回归天道，回归对生命、自由、尊严的关注，回归爱的本身。

另外，个别人善恶不分并不可怕，可怕的是恶被从众，善被嘲笑，从善者不够坚定。

我曾经做过一个小调查，发现在中国的城市中，从小到大没有闯过红灯的人，几乎为零。

我们从小就被教导，闯红灯不应该，很危险。长大了，我们更知道，闯红灯是违法行为。但是，为什么有那么多人冒着生命危险去违法呢？我们的执法部门也想过许多办法，如拉绳子、吹哨子、修改法律加重处罚等，但都不管用。执法人员说："法不责众啊。"

看来，闯红灯已成为一种恶习、一种顽疾。

我国外交部在其官方网站上向国人发出告诫书："到国外千万不要闯红灯。"这种告诫几乎成了笑话，甚至是国人的耻辱。难道在国内就可以闯红灯吗？在法律上不能，但闯者众多，并且闯得理直气壮，甚至，不闯反而会被耻笑。

有这么一个笑话，一位中国留学生在法国留学时，周末与法国女朋友一起逛街，在十字路口遇到红灯，他一看没有车，拉着女朋友就冲，女朋友吓坏了，说："怎么可以闯红灯？太没素质了。"第二天，就提出了分手。回国以后，他又交了一个中国女朋友，周末一起去逛街，又遇到了红灯，接受了上次的教训，他说什么也不敢闯了。这时，女朋友却拉着他的手说："走啊！怕什么？"他说："不行，这是违法的！"而女朋友一甩手说："算了，木头。"第二天也提出了分手。

我为这个笑话感到悲哀。更可悲的是，这种顽疾像传染病一样，迅速扩散，而且被感染者还不知道。有一个德国人来到中国工作，最初他定力十足,决不闯红灯。但后来发现别人在用嘲笑的目光看他,他也终于忍不住,迈开了闯红灯的步子。他在网络日记上写道:"我太孤单了,假如有一个人在我身边,我也不会闯。"我想他也说出了很多国人的心声。看来从众随恶也是对善良的亵渎。

那怎么办呢?我想出了一个办法。现在让我们一起来做一个实验。我们善恶分明的人就像种子,自己首先要定力十足,决不闯红灯,然后每天观察有多少人和你站在一起。一个也没有,不要紧,记录下来。当突然有一天,有一个人和你站在一起,请记录这个日子。善的种子已经发芽。请坚持下去,坚持一年、两年,也许更长。当你的记录达到不闯红灯者为51%。好!开花结果的时候到了。那时候,闯红灯者将被嘲笑,社会正气将占上风,请记录下这个日子。但愿我们能早日等到这个日子!

二、如何分辨善恶——用博爱的心来感悟

要分辨善恶,就要拥有一颗博爱的心,不仅要爱自己、爱你所爱的人,更要爱这世界上所有的生命。狭隘的爱会使人变得残忍。下面是一个寓言式的小故事。

我是一棵大树,透过枝间的缝隙,我可以看到这世界上两个家庭的生活。

在我正对的小巷有一户人家,家中的父亲是一名粉刷工人。每天清晨,他带着全家的希望出门,傍晚带着一身油污回家。他独自抚养着一个男孩,他爱那男孩,为了男孩他辗转于这个城市中,受尽了各种苦,只希望那男孩能有出息、能过得幸福。

另一家是麻雀一家。它们有一个可爱的小宝宝。为了这个宝宝,麻雀爸爸和妈妈不停地去捉虫。无论多饿,它们总会把小麻雀喂饱后再分吃剩下的那一点食物。它们的苦与累都在小麻雀稚嫩的叫声中烟消云散。看着小麻雀一天天长大,麻雀爸爸和妈妈体验到了从未有过的快乐。

我爱这两家人,尤其是两家的孩子,他们让我感到了生命的喜悦与活力。

原本互不相干的两家人像两条平行线,但在某一天出现了交点,一

个可怕的交点。

一个雷雨交加的夜晚，一阵大风把雀巢连带着巢中的小麻雀一起吹到了地上。小麻雀太小了，还没有学会飞。麻雀爸爸和妈妈一点办法也没有，一切只能听从命运的安排了。

恰巧，男孩的爸爸发现了地上的小麻雀并把它带回了家。

麻雀爸爸和妈妈眼看着自己宝宝的命运交在别人的手中，毫无办法的它们十分难受。但它们只能等，等着小麻雀的生或死。

开始，天黑得伸手不见五指，渐渐地天空变成了深蓝色，接着颜色变浅了，更浅了，天空中出现了一抹橙色，太阳露出了半张脸，终于太阳露出了整张脸。它们的小麻雀出现了。小麻雀被绑在一根线上，线的一头系着一根树枝。小麻雀扑着翅膀却始终飞不起来。男人用脚在小麻雀身后吓它。他一跺脚，小麻雀就会飞一下，但它太小了，最后又会落回地上。男人乐此不疲，不断地重复着。最后他拍了拍儿子的头，露出一副慈爱的神情，并把那根系着小麻雀命运的树枝交给了儿子。男孩看着小麻雀有点不知所措。"玩吧。"男人爱他的儿子，但由于家里穷，男孩始终没有一件像样的玩具。这只从天而降的小麻雀恰恰弥补了男人的心愿。"像我一样好好玩。"男人又补充道。小男孩学着爸爸的样子玩了起来。过了一会儿，小男孩又加上了自己的创新——像别的男孩玩小汽车一样拖着小麻雀跑，这博得了爸爸的笑声。受到爸爸的鼓励后，小男孩变本加厉，干脆把小麻雀抡起来乱甩……

这时候走过来一个小女孩，她看着那只小麻雀皱起了眉头，刚要走上前去，却被她的妈妈拽了回去："这不关我们的事。"小女孩听了妈妈的话，看了一眼那只已经被折磨得奄奄一息的小麻雀，顺从地跟在妈妈的身后走开了。

麻雀爸爸和妈妈的心被撕成了碎片，小男孩的每一个动作都在它们流血的心上深深地划了一刀。它们实在不忍看下去，带着凄惨的叫声向天边飞去。

过了许多年，男人、麻雀爸爸和妈妈、过路的女人在天堂相遇了。上帝开始审判他们，于是向他们提起了当年的那一幕。男人已经不记得

第三章 钻石规则：天所不欲，勿施于天

那件事情了,经过再三回忆,他对上帝说:"我爱我的孩子,我只想让他快乐。"麻雀爸爸和妈妈说:"我们爱我们的孩子,可他和他的孩子杀了我们的孩子,这不能原谅!"过路的女人说:"我爱我的孩子,我不想让她因为多管闲事而受到任何伤害!"

又过了许多年,男孩和过路的女孩也在天堂相遇了。男孩已经成了杀人犯。上帝问他为什么会变成这样,男孩说:"那只小麻雀是使我变得残暴的开始。"过路的女孩那原本善良的心灵早已变成了灰色,当被问及小麻雀的事时,她冷笑着说:"不是我的事,我为什么要管?"

上帝听了这些话后说:"爱,不仅要爱自己、爱你所爱的人,更要爱这世界上所有的生命,愿你们都能明白爱的伟大和无私。"

善恶有时难辨,我们要勇于面对,接受挑战。

情境一:

繁华大道,乞讨者众,这里乞丐的生存产业链黑幕刚刚被媒体披露。

孩子问:我们为什么不给他们一些零钱?给,还是不给?

难题是教孩子仁慈,还是识别欺骗?

情境二:

重点中学竞争尤为激烈,帮助同学解答难题至少要半小时,会使自己本已十分紧张的学习时间受到耽误。

孩子问:我要不要帮助同学?帮,还是不帮?

难题是教孩子乐于助人,还是不惜一切在竞争中胜出?

情境三:

大街上,一位老人被自行车撞倒,肇事者逃跑。曾经有这样的新闻:一位骑自行车的女孩停车上前帮助,不想竟被周围公众指认为肇事者,而受到帮助的老人居然不说明真相。

孩子问:应不应该去帮助受伤者?救,还是不救?

难题是教孩子见义勇为,还是凡遇"闲事"装聋作哑?

情境四:

学校门口,豪华私车令孩子的同学们侧目。父母占有的社会物质资源的不平衡会不会引起儿童间的不平等感?

孩子问：坐自己家的车上学有什么错？送，还是不送？

难题是教孩子生活俭朴，还是承认现实、坦然享受财富？

情境五：

读高中的儿子衣服口袋里藏着一个避孕套。

孩子问：我已经是成年人了，为什么不可以？对，还是不对？

难题是教孩子正确使用它，还是来一番"为时尚早"的说教？

情境六：

高考命题作文中，阅卷老师每年都会发现许多雷同的父母罹患绝症之类的凄惨故事。后来发现，这些故事脱胎自一篇曾获高分的作文。

孩子问：博取同情或许可以得到高分，不可以这么做吗？该，还是不该？

难题是教孩子诚实，还是实用主义？

情境七：

教师节到了，孩子给每位老师都送上了一张贺卡，但他其实并不是对每位老师都有这份真诚的心意。

孩子问：如果不是与其他同学一样把贺卡送给每位老师，老师会不会"区别对待"？会，还是不会？

难题是教孩子真情实感，还是功利重于一切？

情境八：

张扬自我是今天孩子的共性，事实也确实是，在竞争激烈的时代，谦虚常常会丧失机会。

孩子问：谦虚有意义吗？有，还是没有？

难题是教孩子传统美德，还是一切只为竞争？

三、勇于弃恶扬善——保持高贵，呵护善光

心灵无私，是我们保持自身高贵的唯一秘密。

一个精明的荷兰花草商人，千里迢迢从遥远的非洲引进了一种名贵的花，培育在自己的花圃里，准备到时候卖个好价钱。许多亲朋好友向他索要，一向慷慨大方的他却连一粒种子也不给。他计划繁育三年，等

拥有上万株后再开始出售和馈赠。

第一年的春天，他的花开了，花圃里万紫千红，那种名贵的花开得尤其漂亮，就像一缕缕明媚的阳光。第二年的春天，这种名贵的花已繁育出了五六千株，但他发现，花没有第一年开得好，花朵略小不说，还有一点杂色。到了第三年的春天，这种花已经繁育出了上万株，但令这位商人沮丧的是，花朵已经变得更小，花色也差多了，完全没有了在非洲时的那种雍容和高贵。当然，最后他没能靠这些花赚上一大笔钱。

难道这些花退化了吗？可非洲人大面积、年复一年地种植这种花，并没有见过这种花会退化呀。他百思不得其解，便去请教一位植物学家。植物学家拄着拐杖来到他的花圃看了看，问他："你这花圃隔壁是什么？"

他说："隔壁是别人的花圃。"

植物学家又问他："他们种植的也是这种花吗？"

他摇摇头说："这种花在全荷兰，甚至整个欧洲也只有我一个人有，他们的花圃里都是些郁金香、玫瑰、金盏菊之类的普通花卉。"

植物学家沉吟了半天说："我知道你这名贵的花不再名贵的致命秘密了。尽管你的花圃里种满了这种名贵的花，但和你的花圃毗邻的花圃却种植着其他花卉，你的这种花被风传授了花粉后，又染上了毗邻花圃里的其他品种的花粉，所以这些花一年不如一年，越来越不雍容华贵了。"

商人问植物学家该怎么办，植物学家说："谁能阻挡住风传授花粉呢？要想使这些名贵的花不失本色，只有一种办法，那就是让你邻居的花圃里也都种上你的这种花。"

于是商人把自己的花种分给了自己的邻居。次年春天花开的时候，商人和邻居的花圃几乎成了这种花的海洋——花朵又肥又大，花色典雅，朵朵流光溢彩、雍容华贵。这些花一上市便被抢购一空，商人和他的邻居都发了大财。

"近朱者赤，近墨者黑。"高贵也是这样，没有一种高贵可以遗世独立。要想保持自己的高贵，就必须拥有高贵的"邻居"；要想拥有一片高贵的花的海洋，就必须与人分享美丽，同大家共同培植美丽。只有这样，我们才能保持自身的纯洁和华贵。

蛛丝虽细，却能掂量出善恶的分量。佛教中有个故事，一日佛祖闲坐于花园的井边向下望去，看到无数生前作恶多端的人正因自己的邪恶而饱受地狱之火的煎熬。此时，一个江洋大盗透过地狱之火看到了慈悲的佛祖，立刻向佛祖高声呼救。佛祖以他睿智的目光看到此盗生前虽然杀人越货，无恶不作，但是，有一次走路正要踩到一只小蜘蛛时，却突生恻隐之心，移开脚步使其得以存活，成了他一生中罕见的善业。于是，佛祖决定用那小蜘蛛的力量来救他脱离苦海。一根蜘蛛丝从井口垂了下去，那大盗发现了，立刻抓住游丝向上爬去。不料其他备受煎熬的恶人看到了也蜂拥上来抓住了游丝，任凭大盗恶声大骂，他们仍然拼命地向上爬。大盗怕游丝不堪重负，毁了自己脱离苦海的唯一希望，便抽刀将身下的游丝砍断，结果，本来承受很多人的重量都安然无恙的蜘蛛丝却突然崩断，大盗因抛弃了心中最后的一点怜悯而重新跌入万劫不复的地狱。

这个故事告诉我们：很小的善，可以拯救众多的生命；很小的恶，可以毁了一个人最大的希望。

第三章　钻石规则：天所不欲，勿施于天

第二十七节　坚定信念

心灵礼仪导航

> 生存需要技巧和智慧，但最需要的是信念。
>
> 信念是什么？很多时候，信念就是支撑我们生命的力量。别人在你的信念中活着，你在别人的信念中活着，然后，为了共同的信念走到一起，携手并进。由此，生活才有那么多的阳光，生命才会绽放美丽的花朵。

一、如何认识信念——尊重信念的圣洁

我们可以从已知和未知的角度，把世界分成三个部分：已知的世界、可知的未知世界和不可知的未知世界。

随着已知世界的不断扩大，人们越发感到未知的世界越来越大，正如有位哲人所说的"人的知识越多，越觉得自己无知"。

我们把已知的世界看成认识了的相对真理，并加以利用和改造。我们把可知的未知世界当成探索的目标，并坚信是可以被认知，甚至是可以被征服的。这就是所谓的信念。

但是，世界是无限的，世界上很多东西我们是永远也无法知道的。怎么办？一些先知先觉的智者，就假设出一些无限神通的理念，如万能的神。当这些理念虽不能被证实，但也无法被证伪的时候，人们就抱着"宁可信其有，不可信其无"的想法，对这些理念产生一种敬畏、敬仰，

并将其根植于心灵深处。这就是所谓的信仰。许多宗教就是这样产生的。

当人们对一些既不能被证实，也不能被证伪的理念，不是出于理解，而是出于恐惧，或抱着从众的心态去盲目相信时，迷信就产生了。

真理是信念的实现，我们对待真理要倍加珍惜。当真理为我们造福时，我们还要倍加感激。因为任何真理都凝聚着前人的血汗，甚至生命。我们如果不相信真理，那就是对前人信念的亵渎。

我们对待信念要义无反顾，勇于探索，坚信真理终究会大白于天下，目标终究会实现。对待信仰则要抱着审慎的态度。因为信仰是面对不可知领域的假设，一旦被证伪，将对心灵造成极大的冲击，甚至引发冲突。例如，不同的宗教都认为自己的神是唯一的。这从逻辑学上很容易被证伪，但不能证明谁是伪。若都不肯妥协，冲突就成为必然。怎么办？最好抱着敬仰的态度，相互尊重。说不定二者敬的是一个主体，只是名称不同而已。请别忘了，我们先知先觉的智者，所假设的最高主体——神，是拯救人类的，是让所有的人脱离苦海的。如果一些人利用信仰，把人们带入苦海，岂不是对神的亵渎？

我们对待迷信的人，也不能一味地排斥、蔑视，要有足够的尊重，要有起码的心灵礼仪。他们的初衷毕竟是纯洁的。而那些利用迷信害人的获利者，才是真正的魔鬼。

另外，对原则的坚守也是一种信念。一个人最不能缺少的是原则和信念，这是做最出色的人的关键。

第二次世界大战期间，有一个女孩因为能讲一口流利的英语和法语而被英国特工组织看中，加入了英国的特工。她性情急躁，其实并不适合特工工作，所有的同事都不看好她，认为她做间谍，无疑是为敌国送上一座秘密的宝矿。

果然，几乎所有的训练过程都对她没有用处。组织上让她拿一份敌国驻军图送给地下交通员，她到了接头地点后，却怎么也想不起接头暗号，情急之下，索性把地图展开，对着来来往往的人群进行试探："你对这张地图感兴趣吗？"幸运的是，她很快遇上了两位地下交通员，他们扮作精神病人迅速地掩盖了这个可怕而致命的错误。

不仅如此，她认为越繁华的地段越安全，于是自作主张把秘密电台搬到了巴黎的闹市区，可她不知道，盖世太保（德国纳粹控制的秘密警察组织）的总部就在离她一街之远的地方。终于在一天夜里，盖世太保把这个胆大妄为正在发报的间谍逮捕了。英国特工都后悔不已，如果这个天真的姑娘在盖世太保的刑具下毫无保留地说出一切，那么对在英国的特工组织将是一个重创。出乎意料，盖世太保用尽了种种残酷的刑罚都无法撬开她的嘴。

她的名字叫努尔，曾是一位印度王族的娇贵女儿。战争结束后，英国政府追授她乔治勋章和帝国勋章。给这样一个不称职的间谍授予英国政府的最高奖赏，官方的解释是这样的：对敌国而言，梦寐以求的是间谍的背叛，这等于无形的巨大宝藏。但这个很笨的女孩，至死都没有吐露一个字。这是一种信念，这是一个间谍最本位、最出色的地方，所以我们从没怀疑她是一位优秀的间谍。

给人责任，也就是给了信任和真诚；有了责任，也就有了信念，有了尊严和使命。

二、信念的作用——荡涤心灵，驶向光明

很久以前，法国有一座特殊的监狱。这座监狱的一切都与别的监狱不同。

实际上，这是一座辉煌壮丽的教堂，庄严、肃穆。这里除了神职人员外，没有任何看守，只有四周的高墙让人生畏。

囚犯们都是经过百般讯问而不得其口供的江洋大盗。他们在这里可以自由自在地做任何事情，伴随着终日不断的深沉钟声和唱诗班的祈祷。

日久天长，一个曾经接受过半年审讯只交代了一桩盗窃案的囚犯，在午夜的钟声绕梁未绝时，突然放声大哭，跑进教堂，在神父面前忏悔了自己多年前杀人抢劫的深重罪孽。

进了这座监狱的人，大都是这种结局：宁愿接受法律的判决，也不想终日忍受良心的折磨。聪明的法国人用活生生的事实证明，敲响心灵的钟声，有时比严刑酷律更有用。

信念是什么？很多时候，信念就是支撑我们生命的力量。

在灾难来临的前一天、前一个小时、前一分钟，多少人或者安然地在街头散步，或者悠闲地谈笑风生，或者老老少少怡然地享受天伦之乐，可是，因为灾难，一切常规被打破了。即便没有亲身经历过的人们也能够想象灾难之中的人们的惊慌失措和心惊肉跳，那是对于灾难的正常反应。

有三个农民，在甘肃省张掖市那场地震来临时，正在羊圈旁的窑洞里守卫着羊群。地动山摇的那一刻，他们在发出惊叫之后，离洞口最近的那个农民最先向外面逃去，然后是第二个、第三个。但是，当第二个农民被轰然倒塌的土压倒时，第三个农民也没能跑出去，而是连同厚厚的土同时压在了前面农民的身上。

最后的那个农民是幸运的，靠仅有的一点稀薄的空气得到了短暂的生命。但是，那点空气显然不够维持他的生命，他在死亡的边缘挣扎。但这时，有一种坚强的信念一直支撑着他，那就是他以为第一个农民一定成功地逃生了，并且会很快喊来救援人员。

他奋力地挣扎，奋力地用手刨着土，以尽可能获得生还的机会。就这样，一直过了十几个钟头，在他已经奄奄一息时，他终于听到了救援人员的脚步声，这时的他已经没有喊叫的力气了。

他终于被人们挖了出来。他被挖出来的那一刻，便彻底失去了知觉。但他终于成功地活了下来。

医生说，在那样稀薄的空气中，能够存活半小时就已经是奇迹了。

当人们问起时，他说，他以为第一个农民已经逃生了，他相信逃生的农民一定会来救他。而实际上，第一个和第二个农民都没有跑出去就死了。

如果不是那个信念，这位农民一定不会坚持那么久；如果他放弃了希望，他可能早就被死亡的魔鬼拖走了。

三、信念的迷失与妥协——法、德、理合一

现代人对法律要怀有善意的敬仰之心，因为它是正义的底线保障。

十字路口，两边的车辆很少，间隔距离较远。一些行人迎着红灯走了过去，而另一些行人继续在那里等待绿灯。你会怎么办？

如果你选择了等待，应该可以断言，你对法律保持着一种近似于宗教信仰般的信念。人们对法律的遵守也许基于以下这些因素之中的一个或多个。

1. 威慑。法律一般有威慑力，违犯了便可能受到惩罚。为了避免受到惩罚，你可能不会去违犯它。

2. 利益。人们为什么越来越多地遵守《合同法》？虽然中国传统社会并不提倡人与人之间计较得那么清楚，但是现代经济社会，商业越来越发达，人们开始重视"亲兄弟，明算账"。遵守《合同法》，是因为它保障了利益。

3. 道德。有些人遵循了法律，但不是有意识地去遵循，只是觉得法律符合其个人道德，认为遵守法律就是遵守个人道德。

4. 宗教信仰。在中国可能难以感受到宗教信仰与法律的勾连性，但在西方社会有着长久宗教渊源的国家，其宗教规训与法律规则有很多是重叠的，遵守法律就是遵守宗教信仰。

还有其他因素，这里不再列举。在以上因素中，威慑力量与道德上的约束力微乎其微，社会舆论似乎也不会对你闯红灯这一行为群起而攻之，利益的考量可能会促使你考虑是否要闯红灯。因而，选择等待的人，不计法律是否存在威慑力量、自己的利益是否会受到影响、社会舆论是否支持违法，对法律都有着一种不可动摇的信仰。

对法律持有如此强烈的信仰而不计其他利害得失的人，在现实生活中确实是有的，但比较罕见。你可以从周遭的生活中发现这一点。由此，我们可以认定绝大多数人对法律采取的是一种便宜主义的立场，即如果违背法律并不会给自己带来不便的话，包括蹲监狱、遭罚款、受斥责、负赔偿等，不妨违背之。这似乎也印证了最为接近人之天性的"经济人"假设。人是物质的动物，有很多利益的考虑，以"经济人"的假设来描述他的行为，可能更现实一些。

然而，我认为，对法律的信仰是"法律人"不可或缺的素质之一。

便宜行事几乎是每个人的社会方式,不过,信仰可以激发人潜在的、不可捉摸的力量,哪怕在最后的结果上表现为妥协。如果没有坚持,就只会出现迷失而不是妥协。迷失的人迷失一次就可能再也找不回自己,而妥协的人妥协一次之后还会继续努力坚持。法治的理想可能在许多时候是要对现实妥协的,但如果失去了对法治的渴望、追求与信仰,我们又何来妥协的资本?

四、信念的误区——不要让信念误入歧途

暗示有时能像魔咒一样控制着人的思想,它是迷信和迷失信仰的温床。

从前,在喜马拉雅山脚下的小村落里,来了一位仙风道骨的老人。他向全村村民宣布,他会一种点石成金的法术。不过,天下没有白吃的午餐,想要学这套法术的人得先把家中最值钱的东西拿出来当学费才行。

村里的人实在穷怕了,人人都想发财想得发疯。大家商量了一下:既然可以学会点石成金术,那么,先牺牲点学费有什么关系呢?(当然,他们并不聪明,不会如是想:如果老人真能点石成金,还收学费做什么)

于是他们虔诚地交了学费,集合起来听老人教授这神奇的法术。只听老人叽里咕噜念了一大串咒语,然后就把盖在木桶下的石块变成了闪亮的金子。

"快教我们吧!"每个人的喉咙深处都发出饥渴的声音。

老人不厌其烦地将咒语教给了村里人,当村子里最笨的人也能背诵咒语之后,他很满意地告诉他们:"你们等明天日出的时候就可以开始用点金术了,我保证各位都可以把没用的石块变成黄灿灿的黄金。不过,你们可要记得呀,念咒语的时候,你们的脑子里千万不要想起喜马拉雅山的猴子。"

"绝对不会!"村里人异口同声地回答。黄金跟喜马拉雅山的猴子有什么关系呢?老人真是莫名其妙,他们怎么会想起喜马拉雅山的猴子?

可是一千年过去了,有人说,如果你现在到这个村庄,你还会看到不少人把石头盖在木桶下喃喃自语,"努力"地不要想起喜马拉雅山的

猴子。

　　他们始终没有"念"出黄金来，但也没有人怪老人说谎。因为每个人都承认，他们越告诉自己不要想那些猴子，就越会想到那些事不关己的猴子。

　　我们的头脑中也常常有这些幻想的猴子。

　　小心，别让任何人包括你自己在你的脑袋里养只喜马拉雅山的猴子！

第二十八节　终级关爱

心灵礼仪导航

> 死亡是生命的必然，是生命的一部分，是所有生命都必须面对的。人活在尘世犹如行走在旅途上，而人之死像回家——这才是"家"的最深层含义。人类文明在许多领域都取得了巨大的进步，但人对死亡本质的理解有重大突破吗？对人的终级关爱有巨大进展吗？没有。让生命带着遗憾离去，是人类的最大遗憾；让人带着微笑，无遗憾地、愉快地走向终点，这是对生命的终级关爱，是对生命最后的礼仪。

一、为什么要终级关爱——这是对生命最后的礼仪

终级关爱，应该满足一个人最后的愿望。

一位老人生命垂危，住在上海的一家医院里。老人说，他最后的愿望是回苏北老家，想再看看他小时候玩耍过的池塘和他家屋前的那棵老柳树。家里人很想满足老人最后的愿望，但这十分困难。

从上海到老人的苏北老家有很远的路程。没有医护人员随车陪护，老人无论如何都不能坚持到有着池塘和老柳树的苏北老家。老人的亲人都把目光转向一个年轻护士。

护士几乎什么都没说。

她给老人插好氧气管、胃管，让老人的头枕在自己的膝上。几天之后，在一个月光很好的晚上，救护车静静地开进了苏北一个小村庄。在

护士的搀扶下,老人伸手摸了摸门前那棵老柳树,又望了一眼笼罩着银色月光的小池塘,老人笑了。就在那一刻,生命离开了微笑着的老人……

年轻护士美丽的大眼睛里溢满了泪水。看着老人临终前的笑容,她觉得自己是世界上最幸福的人。

埋葬别人心爱的人,既是对生命的尊重,也是对人类的尊重。

雷格尼是爱尔兰人,出于宗教的原因不得不离开故乡。起先他住在澳大利亚。由于受过良好的教育,他在澳大利亚的工作是家庭教师。后来有人在新西兰发现了黄金,一阵淘金热几乎吸引了全世界的人,大家都涌向了新西兰的金矿区。雷格尼也在1865年来到了新西兰米乐平原附近的马蹄湾,在盖博瑞溪谷从事淘金工作,一住就是47年。他工作勤劳,热心助人,只要是发生在马蹄湾的事,他没有不知道的。

有一天雷格尼外出工作的时候,发现了一具年轻人的尸体被河水冲到了岸边。这种事情在当时是屡见不鲜的,特别是在1864年到1866年之间,在金矿区经常有人被淹死。对于一些淹死的人,人们只知道他们的名字或外号,但是不知道如何联络他们的家人。其中还有很多淹死的人,人们连他们的姓名都不知道,在死亡记录上只好写上"无名尸"。

雷格尼发现的这一具尸体就没人知道他是谁,在无人认尸的情况下只好以无名尸处理,葬在乱葬岗上了。

想到这么一个可怜的人,死在一个如此遥远的地方,既没有名字,又没有墓碑,雷格尼心中有点难过与不忍:毕竟他也是父母的心肝宝贝啊。在验完尸后,雷格尼就告诉验尸官,他要把这具尸体埋掉。雷格尼在坟上立了一个木制的碑,上面刻了几个字:别人的心肝宝贝。

为什么雷格尼会对一个毫不相识的陌生人付出像是对待一个老朋友般的感情呢?这可以从他写给报社编辑的信中看出:"我为什么会对这座坟有感情,因为我好像有一种预感,我将来死后也会像他一样:一座孤独的坟躺在荒凉的山丘上。"

雷格尼在爱尔兰是一个神职人员,可能由于这个原因,他没有结婚也没有小孩。雷格尼逝世后,人们根据他唯一的请求,将他埋在了那座孤坟旁边。这两位生前从不相识的人却在死后紧紧地靠在一起，永不分离。

如今，这里已成为一个景点，叫作孤坟，距离米乐平原大桥只有九千米远。这里只有两座坟，却有三个墓碑：其中一座坟是那位年轻人的，坟前有两块墓碑，一块是雷格尼用黑松木刻的，一块是大理石刻的，上面都刻着"别人的心肝宝贝"；旁边是雷格尼的坟，他墓碑上则被别人刻着"雷格尼：埋葬别人的心肝宝贝的人"。

二、为什么要研究死亡——未知死，焉知生

宇宙万物，有始必有终。人生之旅，一始一终，画出了一个完整的圆，这是一次头尾相衔接的哲学活动。下面是一位中国学者对中德两国生死观的分析。

忘不了六月底在柏林幽静的弗里德里希街见到的一座教堂给我留下的印象。

高高的红砖墙，左右对称，上方各有两个希腊字母镶嵌在墙体上：A、Ω（读"欧米伽"）。

我知道其中的含义。因为早在1993年，我造访科隆的一座公墓时便见到过在一块碑石的左右两边刻有这两个字母。在古希腊文中，A和Ω分别是第一个和最后一个字母，表示人的一生有始有终，有生必有死。

这回是我第二次见到这两个字母的排列，一前一后，一左一右，镶嵌在教堂高高的墙体上，具有普遍世界的意义。那么，德国人为什么不用德文字母，而用希腊字母呢？因为古希腊文庄重、神圣，因为古希腊文明是西方文明的摇篮、源头。

在教堂附近站着一位约莫70岁的老人。我走过去问话，为的是进一步证实我对两个字母的理解："请原谅，打扰了。我想问问，墙体上这两个希腊字母表示什么？"

"宇宙万物，有始必有终。"德国老人回答。

回答得好！我百分之百地满意。

这是个世界哲学课题，涉及世界的根本。对它的追问构成了东西方

古代哲学的起源。

就是说，宇宙（包括已有的星座、太阳系和银河系……）也有个起源和终结，也有个生与死的问题，更何况人？

死的问题受到20世纪西方文学、艺术、哲学（尤其是存在主义）、医学、伦理学、人类学和社会学的特别关注，形成了一个跨学科的综合课题。死亡学成了一门学问。

孔子有句名言："未知生，焉知死？"

意思是人对生的问题都难以完全知晓，也不能完全解决，又何必去对死求得认知和解决呢？

我不完全赞同这个命题。

有人还提出一个与之相反但相辅相成的命题："未知死，焉知生？"

我赞成把以上两个命题合在一起，这样才完整，成了一个硬币的两面。

房屋和家庭是生的内容，当然还有人与自然的关系、人与机器的关系等。

关于死，我们知道多少？先进的电脑能帮我们解答死吗？

自孔子、庄子、柏拉图以来，两三千年过去了，人类文明在许多领域都取得了巨大进步，但人对死亡的本质的理解有大的突破吗？我看没有。

有些动物对死亡有种预感，一旦预感到生命即将终结，它们就走进洞里，躺下来，等待死亡的到来。

死比生更基本。

生是短暂的（平均不过七八十年），死却是永恒的。

一切都是不确定的，只有死才是确定的。

战争可以夺走一切：房屋、家庭、学校、财产、城市、剧院……却夺不走我们的死。

《列子》曰："古者谓死人为归人。"人死即为"归"，归即鬼。

《韩诗外传》说："鬼者，归也。精气归于天，肉归于地，血归于水，脉归于泽，声归于雷，动作归于风，眼归于日月，骨归于木，筋归于山，齿归于石，膏归于露，毛归于草，呼吸之气复归于人。"

想象力多丰富啊！

最后的回归才是真正地回到了家。因为我们来自天、地、水、泽、雷、风、日、月、木、山、石、露、草……最终，我们又回到其间。

三、如何面对死亡——认真倾听，给予尊敬

一个在飞机上遇险大难不死的美国男人回家后却自杀了，原因何在？

那是一个圣诞节，一个美国男人为了和家人团聚，兴冲冲地从异地乘飞机往家赶，一路幻想着团聚的喜悦情景。正逢老天变脸，这架飞机在空中遭遇猛烈的暴风雨，脱离航线，上下左右颠簸，随时有坠毁的可能。空姐也脸色煞白，惊恐万状地吩咐乘客写好遗嘱放进一个特制的口袋中。这时，飞机上所有的人都在祈祷。就在这万分危急的时刻，飞机在驾驶员的冷静驾驶下终于平安着陆。

这个美国男人回到家后异常兴奋，不停地向妻子描述在飞机上遇到的险情，并且满屋子转着、叫着、喊着。然而，他的妻子正和孩子兴致勃勃地分享着节日的愉悦，对他经历的惊险没有丝毫兴趣。男人叫喊了一阵子，却发现没有人听他倾诉，他死里逃生的巨大喜悦与被冷落的心情形成了强烈的反差。在妻子去准备蛋糕的时候，这个男人爬到阁楼上，用上吊的古老方式结束了从险情中捡回的宝贵生命。

生活中，一些热线节目异常火爆，就因为它缓解了倾诉者心中的压抑。假如热线那端没人倾听，它还会那么招人喜爱吗？其实，夫妻间何尝不是如此？懂得倾听，不仅是关爱、理解，更是调节双方关系的润滑剂。每个人在烦恼和喜悦后（特别是深层次的烦恼和巨大的喜悦后）都有一份渴望，那就是对人倾诉，并希望倾听者能够给予理解或与他人共同分享。然而，那位美国男人的妻子没有做到这一点，所以导致了悲剧。

另据《新京报》报道，某大学后山腰的一个山洞内，藏有 29 具残尸。洞口被刨开后，人们被吓了一大跳。就"藏尸"一事，该校医学院院长说，由于学校扩招，医学院增加了教学尸体用量。但剩余残肢如掩埋太多，会影响山体周边绿化，又因每年火化一次成本较高，校方将这

第三章 钻石规则：天所不欲，勿施于天

些残肢暂时放置在洞内，每两三年再火化一次。

　　医学院的教学尸体，无论是买来的还是他人捐赠的（我想，应该多数是后者吧？似乎没地方出售尸体），对这种特殊教具，在使用中与使用后，都应该心存敬意与感激。不葬不烧，胡乱堆放，这种对尸体的大不敬，恐怕不是那些捐赠者生前想得到的。这种医学院的毕业生，将来工作后对病人的身体可能也不会有太多尊重。

　　俄罗斯作家索尔仁尼琴说过这样的话："如果不相信有神，人什么事都做得出来。"对这句悲凉的话，我是这样理解的：人这种动物，他们得对某些东西尊重甚至敬畏，才会约束自己的行为。对于有神论者来说，值得尊重的可能就是神；对于无神论者来说，可能是生命、自由、法律、道德等。缺失了这种尊重，人就可能会丧失做人的底线。

第二十九节　国风民礼

◎心灵礼仪导航◎

> 由于历史渊源和文化背景的差异，无论是在精神文化观念方面，还是在国民个人素养方面，世界各国都有所不同。然而，随着经济全球化，各国的文化价值观必定会产生碰撞，而人类在彼此的交流中必然能找到更人性化的、更普世的文化价值观，进而找到被普遍接受的心灵礼仪。

一、精神文化观念不同——教育、消费、思想、价值观各异

最受学生欢迎的教育方式，应该是不让学生怕，更不让学生难堪，但一针见血，让学生自己忏悔的教育方式。

1999年10月，联合国教科文组织下属的一个工作机构在日本东京组织了一次国际中小学教师、学生联欢活动，共有20个国家和地区的410位教师、学生参加，其中教师208人，学生202人。我国从北京、西安、上海选派了9名教师和9名学生参加这次活动。

联欢活动历时6天，先后开展了5项活动，其中有一项活动是评选最受欢迎的教育方式。主持者设计了一个问题，要求所有教师都做简单回答。这个问题是，大杰克和小杰克是孪生兄弟，都是14岁，正在学校读书。他们家离学校比较远，家长给他们配了一辆轻型汽车作为交通工具，让他们开车上学、回家。这兄弟俩由于晚上贪玩，好睡懒觉，经常迟到，虽经过多次批评，还是我行我素。有一天上午考试，尽管老师事先提醒过他们不许迟到，但他们因在路上玩耍，还是迟到了30分钟。老师查问原因，他们谎称汽车在路上爆胎，到维修店补胎，所以误了时间。老师半信半疑，但没有发作，让他们进教室后就悄悄到车库检查他们的汽车，发现四个轮胎都蒙着厚厚的灰尘，并没有被拆卸的痕迹。很明显，补胎是他们编出来的谎话。假设你是杰克兄弟俩的老师，你将怎么处理？

208位教师认真思考，积极作答，都在规定的半小时内交上了答卷。主持人经过认真分析整理，从208份答卷中归纳出25种处理方式。其中主要的方式如下：

中国式的处理方法：一是当面进行严肃批评，责令写出检讨；二是取消他们参加当年各种先进评比的资格；三是报告家长。

美国式的处理方法：幽他一默——对兄弟俩说："假设今天上午不是考试而是吃冰淇淋和热狗，你们的车就不会在路上爆胎了。"

日本式的处理方法：把兄弟俩分开询问，对坦白者给予赞扬奖励，对坚持谎言者严厉处罚。

英国式的处理方法：小事一件，置之不理。

韩国式的处理方法：把真相告诉家长和全体学生，请家长对孩子严加监督，让全班学生讨论，引以为戒。

新加坡式的处理方法：让他们自己打自己的嘴巴10下。

俄罗斯式的处理方法：给兄弟俩讲一个关于说谎有害的故事，然后再问他们："近来有没有说过谎？"

埃及式的处理方法：让他们向真主写信，向真主叙述事情的真相。

巴西式的处理方法：半年内不准他们在学校踢足球。

以色列式的处理方法：提出三个问题，让兄弟俩分别在两个地方同时作答。三个问题分别是"你们的汽车爆的是哪个胎？你们在哪个维修店补胎？你们付了多少补胎费？"

之后，活动主持者把25种处理方式翻译成几种语言文字，分送给参加活动的202名学生，请学生们评选出自己最喜欢的处理方式。结果，91％的学生选择了以色列式的处理方式。

主持人说，绝大部分学生喜欢的方式就是批评教育的最好方式。以色列式的方式为什么受欢迎？因为它的批评教育带有游戏性质，学生不怕、不难堪。

可见，最受学生欢迎的教育，应该是在游戏之中的教育。

另外，文化环境决定着人们的信仰、伦理价值观、消费观及生活方式。

美国人早已经习惯了贷款消费，而中国人习惯于存款消费。有这样一个故事讲到中、美两国人在消费观念上的不同。一个中国老太太和一个美国老太太在天堂相遇，谈起了在人间的一生。美国老太太说："我辛苦了30年，终于把住房贷款都还清了。"中国老太太说："我辛苦了30年，终于攒够了买房的钱。"美国老太太在自己买的房子里住了30年，后半生都在还款；而中国老太太后半生一直在存款攒钱，刚攒够了买房的钱，却去了天堂，无福享受自己买的新房。

这个故事经常被人讲述，用来说明美国人的消费观优于中国人。美国人超前消费，享受人生；而中国人辛苦一辈子，却不懂得享受或来不及享受。不过这个故事的续集和前传却没有人提及。

续集是这样的：美国老太太去了天堂以后，她的子女说："刚给母亲办完了丧事，我们又要去贷款买房了。"中国老太太去了天堂以后，她的子女说："母亲真好，辛苦一辈子，给我们留下了一套新房，我们也要努力攒钱，给孩子买房。"美国的子女住上了贷款买的新房，中国的子女住上了母亲刚买下但没有来得及享用的新房。

前传是这样的：美国老太太年轻的时候，母亲去世了。她的母亲去世前，也刚刚还完了贷款，而且房子已经住了30年，太旧了。她办完了丧事又接着去银行贷款买房，她说："我先贷款住上新房再说，至于我的孩子们，成年以后他们自己管自己吧，就像母亲对我一样。"中国老太太年轻的时候，母亲去世了，母亲也是辛苦了一辈子，临死前将刚买下的房子留给了她。她在给母亲送终以后说："母亲辛苦一辈子就是为了让我能够住上新房，母爱真是伟大，我怎样才能报答我的母亲呢？我唯一能做的就是将来也要给我的孩子们留下一笔买新房的钱。"

第三章　钻石规则：天所不欲，勿施于天

听完这个完整的故事，我们才能够正确看待中美文化中消费观念的差异，以及与此相关的家庭伦理和社会价值观念的差异。美国老太太贷款住上了自己的房子，享受了人生；中国老太太也有新房子住，也能享受人生，只是她住的是母亲留下的新房子。从祖孙三代的连续性来看，美国人的三代是"自己管自己""儿孙自有儿孙福"；中国人的三代是"前人栽树，后人乘凉"。

于是，美国人在用餐前要祷告："感谢主，赐我衣，赐我食。"中国人在用餐前，在祖先灵位前点上一炷香，烧几张纸钱，供上热腾腾的饭食，然后自己用餐。美国人感恩（上帝之恩），因为自古及今，上帝是唯一的，他给每个人赐福，所以美国人崇尚公平；中国人尊祖，因为祖先给自己的子孙赐福，"祖先"是一个不断增加的序列，包括活着的人，将来也会成为这个序列中的一分子，所以中国人崇尚伦理亲情。两国人消费观念的差别取决于传统文化和伦理价值的差别，但随着东西方文化的交流和融合，中国人在为子孙积聚财富的同时，也会接受贷款消费，美国人也将会更注重亲情伦理的价值。

德国人信奉："既然有规定，就必须遵守，否则规定还有什么意义？"

在德国，我无意中读到一则这样的故事。一群大学生在德国某城市街头做了个实验。他们把"男""女"两个字分别贴在马路边两个并排的电话亭的门上。结果发现，来打电话的男士都走进了"男"电话亭，女士则都进了"女"电话亭。一会儿，"男"电话亭爆满，男士们宁可在门外排队，也不去光顾正空着的"女"电话亭。这时又一位男士匆匆走来，当看到"男"电话亭爆满时，他便毫不犹豫地进了"女"电话亭。大学生们上前一问，排在"男"电话亭外等候的全是德国人，那个闯入"女"电话亭的是个法国人。

我想，德国的魅力与富饶只是一个表象，而德国人平等之思想、自律之意识、自傲之精神却真真实实地给我留下了深刻的印象。细细品味，德国这个古老与现代、思想与行为相结合的国家，不仅圣者如云，而且以思潮繁荣著称于世。德国的民众从小就生活在这些伟大精神之中，他们相信自己的一举一动都在上帝的注视中。至于那位宣称"上帝死了"

的尼采，只不过是德国伟大精神的祭祀者而已。

二、个人素养不同——从道德水准、教育水平看民族素质

美国《读者文摘》中文版 2001 年 6 月号载文《还有人拾金不昧吗》，文章说，《读者文摘》杂志社想知道世界各地的人捡到钱包会怎么做，于是准备了一千多个钱包，派编辑"丢失"在世界各地的大小城镇。每个钱包里有相当于 50 美元的当地货币，还有姓名、电话，以便拾金不昧者通知失主。他们把钱包丢在人行道、停车场、商店、餐馆、电话亭、办公楼和教堂的门前，然后静静地等候……

结果如何呢？文章按各个国家和地区钱包归还的比例分了两大类：第一类为"表现出色"——挪威 100%，丹麦 100%，新加坡 90%，澳大利亚 70%，日本 70%，美国 67%，英国 65%，法国 60%；第二类为"表现平平"——荷兰 50%，德国 45%，俄罗斯 43%，菲律宾 40%，意大利 35%，墨西哥 21%。文章说："北欧人的表现实在让其他国家的人汗颜。"被测试的国家还包括瑞士、加拿大、马来西亚、泰国、印度和阿根廷。撒遍全球的钱包，56% 被各国的拾金不昧者归还了。《读者文摘》用大字打出他们的结论："事实证明，诚实的人仍占多数。"他们告慰世界人民：放心吧，这个世界还算美好。

但是，我愤愤不平地想：他们跑遍全球，测了那么多国家和地区，为什么不到中国来？凭什么把我们排除在世界人民之外？

他们略过这么广大的地区，不知道是不是认为我们已经学了几十年雷锋，一两代人都是唱着"我在马路边捡到一分钱，把它交到警察叔叔手里面"长大的，都是写着拾金不昧的作文长大的，所以没必要测了；或是他们听到一些说法，认为我们治安形势严峻、道德滑坡，怕测试的结果会惹恼我们，不敢来。

不过，现在我不明白的东西越来越多，什么事我都不敢太肯定。于是我问女儿："路上有钱包，你们中学生一般会怎么办？是寻找失主，还是把它交到警察手里，或者不交出来？"

我女儿想都没想，说："我们绝对不敢捡，绕过去。"

我问她为什么,她说:"肯定是圈套。你一捡起来,马上有人过来,要和你分钱,实际上是想骗你的钱。要不然就说钱包是他的,里面原本有多少钱,现在怎么没了。反正你肯定被缠住了,走不了。"

她讲的有一定的道理,报纸上的有关报道我读过多次,前几天还刚刚看到一篇,我只好叹了口气。

过后我还是有点不甘心,我想我们的情况总不能就这么怪怪的吧?人家各个国家的人捡了钱包,好歹还有个归还比例,我们却不敢捡,连个比例都没有,那不真的在世界人民之外了吗?不行,不能全信小孩子的话,他们太不成熟,看了一点局部报道就推及全部,总体情况也许不至于这样。于是我又问太太,不料她比女儿还斩钉截铁:"我哪敢碰啊?我连看都不敢看,赶紧走!"我听了,只能再叹一口气。

最后,我只好扪心自问,但自问的结果是,地上的钱包还是别碰的好。

入夜,我一边又读着《读者文摘》的那篇文章,一边想:要是他们真的来测试,那会是什么样的一种情况呢?钱包在那儿就是没人碰,天渐渐黑了,人们更不敢碰了,可能连扒手也不敢碰了,也怕是圈套。《读者文摘》杂志社的人顶不住了,只好自己捡回来,灰溜溜地回到酒店,向总部报告,不料总部一听,兴奋不已,立即让记者写一篇可读性更强的报道——《神秘的国度、费解的民风——钱包测试的怪异结局》。

我希望这样的情况最好不要出现,所以我们得着手改变某些状况,使我们不至于和世界人民不一样。我们只有多向世界人民学习,少说说特殊性事件,才能更好地融入世界人民之中,与世界接轨。

我们的国家靠什么提高国际竞争力?就是要从细节入手,从中小学开始,扎扎实实地提高国民的素质。在德国,很多学校的办学方向就是"培养第一流的劳动力大军",这就是我们学习的榜样。

如何提高国民素质呢?我想别无二法,就是学习,学习,再学习。我记得《李岚清教育访谈录》中指出:让每一个愿意学习的人都有机会学习。

我们中国人对外面的世界充满着好奇,喜欢拿起望远镜看世界。但同时别忘了用放大镜看看自己,把我们的长处、弱点都看清楚了;也不要一谈德国人、日本人素质比我们高就不舒服,好像是"长他人的志气,灭自己的威风"。真正谦虚下来,沉下心来,努力提高自己的素质,我们的发展势头一定会更强、更快。

一个国家的真正强大,不在于政治军事,而在于国民的文明素养。

第三章 钻石规则:天所不欲,勿施于天

第三十节　公共礼仪

心灵礼仪导航

> 公共礼仪由决策者、执行者、民众共同实施。民主不太发达的地方，决策者的素养决定着文明的导向；民主较发达的地方，民众的素养决定着文明的导向。
>
> 衡量一个城市的舒适度，关键要看其文化建设以及底层社会的生活状况。这不仅体现在公共设施是否有人文关怀上，还体现在政府是否对弱势群体有人文关怀上。

一、什么是公共礼仪——公共产品所体现的人文关怀

有时，公共礼仪体现在尊重人的理性，而不是把公众当弱智上。一个理性的提醒，可能比那些复杂的解决方法更有效。

最近，在日内瓦湖边的山脉中，建成了一条很长的汽车隧道。在投入使用之前，总工程师想起来，她忘了警告汽车司机在进入隧道之前把车灯打开。尽管隧道的照明设施很好，仍然需要预防停电的情况下发生灾难（在深山中这种意外是很可能发生的）。

于是人们做了一个标牌，上面写着：

警告：前有隧道，请打开车头灯

他们把标牌挂在隧道入口处，然后隧道如期通车了。既然问题已经解决了，大家都觉得很轻松。

从隧道东出口再往前 400 米就是世界上风景最优美的度假胜地之一，从这里俯瞰，整个日内瓦湖都尽收眼底。每天都有成百上千的游客在此处欣赏美景，放松疲惫的身心，也许还会享受一次美味的野餐。

然而，当这些神清气爽的游客返回他们的汽车的时候，会有十来个甚至更多的人意外地发现汽车电池没电了——因为他们忘了关掉车灯！

警察们被迫用上他们所有的资源，好让车启动起来，或者把车拖走。游客们怨声载道，并且赌咒发誓要劝说他们所有的朋友都不要到瑞士来旅行。

现在，我们暂停一下，请回答这个问题：这是谁的问题？

a. 司机
b. 乘客（如果有的话）
c. 总工程师
d. 警察
e. 州长
f. 汽车俱乐部
g. 以上都不对
h. 以上都对

这种类型的问题中，因为有一个明确的工程师，所以人们倾向于认为这是她的问题。在这件事中，不仅司机们认为这是工程师的问题，而且工程师自己可能也这么认为。建筑师、工程师和其他设计者的职业道德中有这样一条：他们必须做好所有的事情。

在这个例子中，工程师考虑了她能够强加在司机及乘客身上的很多种解决办法：

1. 可以在隧道尽头立一块标牌，写上：关掉车灯。但是如果这样做，夜晚行车的人们也可能会关掉车灯。

2. 可以装作不知道，顺其自然。不，这本来就是现状，并且政府官员们认为工程师的工作做得一团糟。

3. 可以在风景俯瞰处建造一个充电站。但是维护它要花很多钱，并且如果它出了故障，人们会更加恼火。

第三章 钻石规则：天所不欲，勿施于天

4. 可以授权一家私人公司经营充电站。但是这会使风景区变得商业化，这是政府和游客绝对不会接受的。

5. 可以在隧道尽头树立一个表意更明确的标牌。

凭借她的直觉，工程师认为一定可以通过某种方法来书写一个更加明确的标牌。她尝试了许多备选方案，最终得到了一个瑞士式的"杰作"：

如果这是白天，并且您的车灯开着，那么熄灭车灯；

如果天色已晚，并且您的车灯没开，那么打开车灯；

如果这是白天，并且您的车灯没开，那么就别打开；

如果天色已晚，并且您的车灯开着，那么就别关它。

然而，这个标牌太长了，等人们读完，汽车早已经飞过围栏，沉到湖底了——这根本就不是一个可以接受的解决方法。

必定有更好的方法！

事实上，工程师并没有把问题复杂化，她用了一种方法，"把问题当作他们的问题"，工程师只是起了一点辅助作用。她假设司机们非常愿意解决这个问题，但是也许需要一点提醒。她还假设司机们——如果他们通过了驾驶执照的考试——不可能是那种彻头彻尾的傻瓜，他们所需要的只是在隧道尽头加一块标牌，写上：

您的灯亮着吗？

如果他们连理解这种提醒的能力都没有，他们遇到的麻烦就不只是电池没电这么简单了。

这个标牌使问题解决了，而且因为这条信息足够短，所以在标牌上可以用很多种语言把它标志出来。工程师会永远记住她在这次工作中学到的一课：如果人们的灯真的亮着，一个小小的提醒，可能比那些复杂的解决方法都更有效。

那么，你的灯亮着吗？

而越是在人烟稀少的地方，越需要与外界联系。这可能是一项复杂庞大的无利润的工程，谁如果做了，人们定会为这种妥帖的心意而动容。

我第二次去澎湖列岛，不再有亢奋的热烈情绪，反而能在阳光、海洋以外，见到更多、更好的东西。

夏日渡海，从望安岛到了将军屿——一个距离现代文明很远的地方。有些废弃的房舍仍保留着传统建筑，只是屋瓦和窗棂都绿草盈眼了。岛上看不见什么人，可以清晰地听见鞋底与水泥地的摩擦声，这是一个隔绝的世界呢！

转过一丛丛怒放的天人菊，在某个不起眼的墙角里，我被一样事物惊呆了——一部蓝色的公用电话。

不过是一部公用电话，市区里多得几乎感觉不到。然而，我想到当初设置计划，渡海前来装置，架接海底电缆……那么复杂庞大的工程，只为了让一个人传递他的平安或思念，便忍不住要为这样妥帖的心意而动容了。

二、公共决策者的公共礼仪——对个体精神的尊重与保护

一项公共设施的修建，不仅应注意保护环境，还应注重保护个人的精神世界，这本身就是一种值得尊敬的精神。

一位老妇人给地方乃至国家的报纸写信，抗议修建那条贯穿她所居住的小村庄的公路。其实从地图上看，那条路离她的房子还有一段距离，而且那里的环境也不像想象中那么有魅力。我很困惑，为什么这位老妇人会为这些毫无用途的老灌木丛发出如此的呼吁？于是我敲响了这位叫玛丽·史密斯的老人的家门。我受到了她的热情招待，然后与她一同踏上了前往树林的小路。

"我是多么爱这个地方！"她说，"这片树林给我留下了多少难忘的回忆！它通向哪里并不重要，重要的是它使我们有了来这里的理由。它远离喧嚣的人群，使人们忘却了烦恼。"

在这片林子里，能听到很多鸟儿歌唱，松鼠们十分大胆地从这个枝头跳向那个枝头，显然这里很少有人走过。我可以想象当那条路建成之后，汽车发出的噪音将给这片祥和宁静的树林造成怎样的破坏，现在我能够理解她抗议的原因了。但是，当我想到那些权威人士的建议时，我又沉默了。

"看看这棵树,"在短暂的沉默之后,她说,"对,就是这棵树。"她温柔地抚摸着树干,问:"看这儿,你能看到什么?"

"好像有人用刀在上面刻了些什么。"我仔细地看了看。

她充满柔情地说:"这里刻下的是爱的誓言和一对情侣的心。"

我更加仔细地看了一遍,上面刻着一颗被箭射穿的心,旁边的字母不大清晰。"这代表一个爱情故事?"我问道,"你知道他们是谁吗?"

"啊,当然,我知道他们!"史密斯太太说,"RH爱MS(玛丽·史密斯的缩写)。"我明白了!

她继续说:"这是我和他一起刻下的。我们很相爱,但是他很快就走了。那是我们一起度过的最后一个黄昏,在刻完那些字之后,他收起刀,转过身来,紧紧地拥抱着我。我能察觉到他的绝望、紧张和渴求。"

史密斯太太呆呆地想了一会儿,接着,她啜泣了起来:"他的母亲让我看了电报,我的罗宾在战争中牺牲了。我很后悔没有能拥有一个我和他的孩子。"

在一段长时间的停顿之后,史密斯太太温和地抚摸着那棵刻着爱情的树,好像正在抚摸她的爱人一般。"但是,现在他们想从这儿拿走我们的树。"她默默地抽泣了一会儿,接着转过身看着我,"我也曾经年轻美丽过,那时我拥有一切,我拥有生命中想要的一切——爱人、健康和梦想。"史密斯太太再一次沉默了,微风通过叶子将叹息的声音轻轻地传过来。她突然很坚决地说:"现在除了这片树林所保存下来的记忆,我一无所有。如果那个可怕的计划通过了,我会毫不客气地质问那些同意修路的人,难道你从来没有爱过?"

后来,许许多多的人知道了史密斯太太的爱情故事,他们联名向政府打报告,要求留住那片爱的树林。最后,政府终于同意了人们的请求,公路从小树林旁边绕了过去。人们把这片树林叫作"爱的树林",许多恋爱中的男女青年都到这片树林里来感受爱的圣洁,有时他们还能看到白发苍苍的史密斯太太。

另外,公共场所应播放什么音乐?有研究证明,古典音乐能减少破坏公物行为发生的频率,并有50%的人说对他们的行为有规范作用。

澳大利亚新南威尔士州悉尼铁路局发现，高尚的古典音乐有一个特殊的用途：制止少数人对火车站设施的任意破坏。

少数人在火车站随意涂抹，破坏公共设施的行为屡禁不止，有关当局采用了种种防范措施，但成效不大。每年铁路局要花大约1500万澳元修复被损坏的设施。在无可奈何中，铁路局决定试一试一个听上去让人发笑的新方法——在火车站播放古典音乐。

在连续六周中，铁路局在五个火车站播放贝多芬的《月光奏鸣曲》、莫扎特歌剧《魔笛》选段、勃拉姆斯的《匈牙利舞曲》等古典音乐。出人意料的是，在这些播放古典音乐的车站中破坏公物的行为大大减少，有两个车站破坏公物的现象完全不见了，优雅的古典音乐赶跑了那些破坏分子。

调查表明，69％的乘客注意到车站在播放古典音乐，有50％的人说古典音乐对所有乘客的行为都有规范作用，66％的乘客希望这些音乐能继续播放下去。澳大利亚其他一些州也打算借鉴这一做法。

三、城市文化所体现的公共礼仪——城市形象品位、风格与耐性

品位表现在你对文化的取舍、珍惜和敬重与否。一个没有文化品位的城市，是一个低级趣味的城市。

英国伦敦有好多短街小巷，这些年虽然城市发展得很快，但建设部门总是努力保持着这些具有古老特色的街巷的原貌，即使是扩建街道，兴建新的公共设施，也要在保护这些古街巷的前提下进行。这些街巷都相互连通，不准车辆通行，只供行人步行。走在这些短街小巷里，你除了能找到那些极具特色的房子和店铺外，还会发现许多街巷口、店铺和住宅的门口都悬挂着很有特色的小牌匾，告诉你哪一位科学家、文学家、艺术家或是对历史有杰出贡献的人曾经在这所房子里居住，经常在这条短巷里散步、思考。

伦敦人说，在后人纪念的这些人当中，有一些并不是十分有名的。如一位叫杰克的画家，他在那所小院子里画了一辈子画，直到去世也没有成名。但伦敦人认为，即使是这样也很有意义。院门口的牌匾上写着：

这是一位为艺术而奉献了一生的画家，请游客不要惊动他。

看着伦敦人这么小心翼翼地保护着这些陈旧甚至破败的街巷，一种深深的敬意油然而生。这就是伦敦这座城市的文化、品位和深厚的底蕴了。

法国的巴黎也是这样的。很多地方都挂着纪念牌匾，告诉你哪一位历史名人在这里生活过。走在大街上，你能感觉你正与那些名人并肩散步，你走进了历史。无意之间，你接受了一次文化的熏陶与洗礼。

一个没有文化的城市，是一个"贫血"的城市；一个没有历史的城市，是一个没有品位的城市。

在几年前曾经有两次著名的争论，一次是关于北京的八道湾，一次是关于济南的万竹园。八道湾是什么地方？鲁迅在那里住了很多年，许多著名的文章都是在那里写出来的。万竹园是什么地方？是历经几百年保留下来的一片古代建筑园林，里面设有李苦禅纪念馆。北京为是否继续保留八道湾争论了很长时间；济南干脆都没有争论，推土机就开始作业了。一时舆论大哗，新闻界、人大代表、政协委员、普通市民共同呼吁保护万竹园，后来连中央级的新闻单位也参加进来了，万竹园才躲过灭顶之灾。

这是多么可笑而可悲的事情。

品位对于一个人来说更加重要。一个人拥有亿万财富，但说起巴金、老舍，他问你这是人名还是地名；说起莫扎特，他以为是一种外国面包的名字。你会觉得他不过是一个赚钱的机器而已，是一个没有品位的人。一个人即使是在所有的方面都毫无成就，但当走进他的居室，看到满满的藏书、挂在墙上的一把二胡、摆在屋角的一盆吊兰，你会觉得这是一个很有品位的人，就会从内心深处产生敬意。

一个没有品位的人，是一个低级趣味的人；一个没有品位的城市，是一个低级趣味的城市；一个没有品位的民族，是一个低级趣味的民族。

而城市、民族、国家的风格与耐性有关，功利常常导致人缺乏耐性。

一位著名建筑师提出了一个问题：为什么西方的古建筑是用石头建造的，而我们的古建用的都是木头？这是个比较有深度的问题，在建筑界曾经引起过一些专家们的思考。我曾翻阅过有关资料，大多是从建筑材料和地理位置的角度出发来探讨的。因为我们古时的建筑都建在黄土高原上，而黄土高原是没有石料的，所以就地取材，选用了木材。西方的古城则建在有石料的地方，他们自然就选用了石头作为建筑材料。但是，我觉得还可以从另外一个角度即民族的耐性或者说统治者的耐性来认识这个问题。

我国历史上，每一次朝代的更替总是要焚毁一些宫殿而重新建造自己的宫殿，而且每一个皇帝在位期间又要建好陵园。在短短几十年间，要完成这么繁重的工作，只能修建木质结构的建筑。而西方的石头建筑是极费时日的，圣彼得广场在整整一个世纪的时间里锤声不断，巴黎圣母院从动工到结束用了三百年的时间，可以想象这是一种怎样的耐性！莫非我们的民族就一定比西方缺少耐性吗？说到底，还有一个为什么而建筑的问题。我们是为人而修建，西方是为神而修建，为神修建的建筑使人有更多的耐性。这里有一个崇高感的问题。

意大利生产一种著名的阿玛蒂小提琴，是以制作者阿玛蒂家族命名的。从中世纪至今，他们一直恪守着制作工艺：制琴大师亲自深入深山老林选树，砍伐，晾干，锯板，再晾干，起码也得十年，制作一把小提琴还得一两年。

再看看维也纳的伯森多费尔钢琴，当初出自一家默默无闻的小厂，李斯特使其扬名天下。成为名牌后一百多年来，他们始终坚持以传统手工艺为主，生产一台专用三角钢琴需要 62 个星期。我国近年来兴起了钢琴热，一个早晨就可以冒出几家钢琴厂，而年生产几百几千台的厂家也并不稀奇。对比一下，也是一个"为什么而造"的问题，一个是为了商业和音乐的崇高、永恒；一个是为了纯粹的经济效益，多赚快赚。

我们到处可以看到名牌、金奖，到处充斥着正宗、祖传，可是，我们恰恰丢弃了祖辈原本就不太多的耐性，我们越来越缺乏耐性了。一个人没有了耐性就是一个不健康的人，一个民族缺乏了耐性就是一个不健康的民族。

第三章 钻石规则：天所不欲，勿施于天

附　　录

心灵礼仪的伦理思考
——这将是一场礼仪的革命

中国是世界闻名的礼仪之邦。礼是中国文化的突出精神，也是中国古代伦理思想的基本概念之一。好礼、有礼、注重礼仪是中国人立身处世的重要美德。

中国文化认为，礼是人与动物相区别的标志，《礼记·冠义》："凡人之所以为人者，礼仪也。"礼是治国安邦的根本，《左传·隐公十一年》："礼，经国家，定社稷，序民人，利后嗣者也。"礼又是立身之本和区分人格高低的标准，《诗经·相鼠》："人而无礼，胡不遄死？"孔子说："不学礼，无以立。"中国伦理文化从某种意义上可以说是礼仪文化。礼是中华民族的美德之一，作为道德规范，它的内容比较复杂。作为伦理制度和伦理秩序，谓"礼制""礼教"；作为待人接物的形式，谓"礼节""礼仪"；作为个体修养涵养，谓"礼貌"；用于处理与他人的关系，谓"礼让"。

礼根源于人的恭敬之心、辞让之心，出于对长辈、对道德准则的恭敬和对兄弟、对朋友的辞让之情。作为一种伦理制度，礼教在历史上曾起过消极的作用，但作为道德修养和文明的象征，礼貌、礼让、礼节是中华民族传统美德的体现。礼貌具有历史的继承性和发展性，因民族、性别、长幼差别而异。

一、礼仪与伦理的关系

礼仪是伦理的外在表现。

有什么样的伦理，就有什么样的礼仪。若一个人懂礼貌，就说他讲文明、有修养，那是因为他懂得伦理道德。所以，教人以礼，首先要教人以道德伦理，使人懂得为什么要这样施礼。

伦理的冲突可能导致礼仪的误用。有些人自认为做了很有礼貌的事，对方却感到是一种伤害，其根本原因就是伦理观念的冲突。任何礼仪都有其伦理基础。中国要与国际接轨，不能只学表面的礼仪，要充分了解别国的核心伦理。

当两种伦理发生冲突时，当行为礼仪发生误用时，如何寻求突破、达到和谐，不仅需要哲学、伦理的介入，也需要理性成熟的价值观，更需要心灵礼仪。

二、什么是心灵礼仪

要谈心灵礼仪，就要先从什么是心灵谈起。长期以来，人们将心灵与心理混为一谈，其实它们是不同的。

心理着重研究人的神经系统及感觉、记忆、思维等心理现象，情感、意志、性格等个性特征方面的规律，属科学、医学范畴。

心灵则关注人的价值系统，如善恶观、审美观、爱情观、人生观、幸福观、伦理观等，是人的精神境界的核心部分，也是心理发展的高级阶段，属哲学范畴。

心灵礼仪即在成熟、理智、现代、普世伦理价值体系指导下的礼仪。也可以说，心灵礼仪是站在对方的立场上，考虑对方的伦理价值体系，如心理、性格、文化、习惯等因素，从心灵深处流露出的对对方的关爱和尊重，尽量维护对方的自由和自尊，避免造成尴尬，使对方感到愉悦的礼仪。其本质是对传统伦理的突破及与传统伦理的和谐。

三、心灵礼仪的普世性伦理

有没有普世性伦理？当今世界越来越像一个"地球村"，人类生活的许多方面都发生着巨大的变化，并逐渐形成了一些一体化的规则。然而，不管人类的生活发生了多大的变化，人类的基本需求却甚少变化，如马斯洛的需求层次理论所揭示的，人类的基本需求可分为五个层次，而且这些层次是共通的。人们针对这些需求而提出的伦理观念和伦理规则，无论有多大的差异，必定有共同点和公约性，这是形成普遍伦理或全球伦理的基础。

在全球化已经到来的背景下，世界上不同国家、民族以及不同宗教和文化下的人们能够共同认可与接受的普遍伦理，有些是放之四海而皆准的。从世界各大宗教传统和文明传统所能提供的有价值的道德规范和伦理原则中，至少可以选择以下三条作为全球伦理或普世性伦理。

1. 黄金规则

1993年8月28日至9月4日，在美国芝加哥召开了一次6500位全球各宗教人士参加的"世界宗教议会"，提出了一份《走向全球伦理宣言》。这份宣言认为，在各种宗教之间已经有一种共同之处，它可以成为一种全球伦理的基础，即一种关于有约束力的价值观、不可或缺的标准以及根本的道德态度的最低限度的基本共识。

具体来说，宣言认为，数千年以来，人类的许多宗教和伦理传统都具有并一直维系着这样一条原则："己所不欲，勿施于人。"也被称为黄金规则。

由于在人己关系上，人居客体地位，己居主体地位，己的重要性顿时显现了出来。己能否自律、是否端正，成为处理人己关系的关键。所以，孔子特别强调"克己""修己""正身"。由此推衍出一系列的伦理规范，正是所谓的"德性"。

若按道德的层次分类，第一层为权威的道德（在家长、上司、宗教、法律等权威约束下的行为规范，没有自由主体性）；第二层为团体的道德；第三层为原则性道德（理性自由支配下的道德）。

若按被动、主动性分，"己所不欲，勿施于人"属被动性道德，被动的推己及人，即无论在什么情况下，都保持对他人的尊重，即使对人无益，却也无害。无害于人，这正是最低限度的道德要求，所以它是普遍适用的。相反，主动性的道德仁术，"己欲立而立人，己欲达而达人"就有一定的适用范围了，若超出其适用范围到处套用，很可能适得其反。

主动、积极的推己及人，只有在双方有共同的价值系统、对方乐意接受的情况下才是道德的、可行的，否则很可能转化为不道德。

2. 白金规则

在价值多元的今天，有人提出要"人所不欲，勿施于人"，即别人不想要什么，就不要强加给别人，也被称为白金规则。

有人可能会问：我又不是他人，我怎么知道别人不想要什么？所以这条伦理规则的底线是"不妨碍他人""尊重他人的选择"。在西方，这被列为绅士行为规范的第一条。有人认为这是西方几百年来的底线伦理，正与康德提出的"人是目的"相一致，也和我国提出的"第六伦"相吻合。

当然，也有人问：不是所有人的欲都是合理的，难道都要施吗？不！还要做到"人之所欲，理施于人"。施礼、施善也是要以法理为前提的。

伦理学的一个最基本问题就是"如何对待他人"。哲学家列维纳斯正确地论证了他人的绝对性，他认为他人是一个无论如何无法被"我"的主观性所消化的外在绝对存在，主观性化不掉他者性，所以他人超越了"我"的主观性，是"我"的生存条件和外在环境；他人会反抗，他可以不合作，所以超越了"我"，所以他人是"我"需要对待的最严肃的问题。今天人们特别感兴趣的全球合作、全球共识、全球价值等，都依赖着关于"他人"的理论。

3. 钻石规则

数千年来，人类沉醉在傲慢的人类中心主义中，认为人是万物的主宰和万物的尺度，人定胜天。但是人们逐渐认识到，人类给予自然的道德关切是不合逻辑的，也是行不通的。

目前，空气、水和土壤的污染，放射性废物及其他毒性物质的泛滥，尤其是环境灾难的频频发生，使人深感环境危机日益严重。

为了解决环境危机，各国政府及国际环境组织最初均强调训练专家及技术人员。但是，各国逐渐发现环境问题涉及社会大众各层人士的行为，非环境专家所能解决，除非人人对环境有正确的认识与行为，有更为理性的、普世的伦理价值系统，方能有效解决环境问题。这就引出一种新的伦理——环境伦理。

有人把环境伦理叫作"第七伦",应遵循的原则是"天所不欲,勿施于天",也称钻石规则。这里的"天"是指自然、环境。环境不想让我们破坏它,我们就应尽力保持它的完整。

美国哲学家利奥波德在《大地伦理》这篇文章中宣称,凡是保存生命社区的完整、稳定和美丽的事都是对的,否则都是错的。依据这一观点,首先必须要改变人类对自身的看法——人类应停止视自己为星球的征服者或优越物种的成员,应视自己只是生命社区的普通成员。

挪威哲学家奈斯创立了深层生态学,认为我们要保护所有物种,否定我们人类超越自然的态度。我们必须承认动物、植物和生态系统均具有内在价值,它们并非仅有工具性价值。因此我们人类必须学习谦逊,尊重自然。

当今,人类的伦理信念已由人类中心扩展至生命中心及生态中心。人类的伦理关系已突破人际关系,把动物、植物及自然环境列入伦理范围。数千年来,人类与自然间无伦理关系的信念已经开始瓦解。基于人类自身福祉及自然的内在价值,自然界的动植物及生态系统已逐渐为人类所关注。

爱心流露皆为礼——心灵礼仪是心灵深处成熟、理智、现代、普世的爱的流露及理性表达。因此,心灵礼仪应是世界性的礼仪,是人性的礼仪,是人人都需要的礼仪。这是对礼仪的重新界定,这将是一场礼仪的革命。

江苏凤凰教育出版社
《行知工程》系列丛书目录

系列	序号	书　　名	主编	定价
教师修炼系列	1	《教育，爱与宽容——教师心灵礼仪修炼》	许力争	30.00
校本研修系列	2	《卓越教师经典研修成长策略》	刘天宝等	30.00
	3	《校本研修资源的开发与利用》	陈朝林	30.00
	4	《校本研修与教师专业成长》	吴积军	30.00
	5	《特色校本课程开发范例解读》	刘永平　李秀伟　张雪梅	30.00
	6	《高效校本研修模型构建艺术》	刘素雁	30.00
	7	《走向实践的教研——中小学教育科研引领与应用》	江　敏	30.00
班级文化系列	8	《活力班级的文化建设》	胡　珏	30.00
	9	《做幸福的班主任》	吕　丽	26.00
教育家核心思想系列	10	《叶圣陶谈阅读》	叶圣陶 著　李怀源 选编	30.00
	11	《多元智能理论的本土化应用》	刘治富	30.00
	12	《大教育家最具施教力的教学思想》	白刚勋	30.00
高效能教学系列	13	《高效能教师的10个好习惯（中学卷）》	张　瑾	30.00
	14	《让作文落地生根——提高写作实效的教学策略》	黄桂林	30.00
	15	《高效能作文教学5项修炼》	陈步华	30.00
	16	《高效能校长的10个好习惯》	张　勤	30.00
	17	《高效能教师的10个好习惯（小学卷）》	谢　英	30.00
	18	《高效能语文教学5项修炼》	王其华	30.00
新课程探索系列	19	《语文新课程的批判与重建》	葛桂斌	30.00
教育管理力系列	20	《让普通学校崛起的20个细节——"生命为本"教育团队成长密码》	李其玉	30.00
	21	《"走"出教育的精彩：走动式学校管理文化构建》	罗　军	30.00
	22	《校长兵法：学校管理四十六计》	皮大鹏	30.00

系列	序号	书　　名	主编	定价
美国名师教学译丛	23	《美国名师游戏教学本土化应用：幼儿园》	（美）玛西娅 L. 泰特 著　胡珍　瞿菁　编译	30.00
	24	《美国名师游戏教学本土化应用：小学英语》	（美）玛西娅 L. 泰特 著　杨永华　张心影　编译	30.00
	25	《美国名师游戏教学本土化应用：小学数学》	（美）玛西娅 L. 泰特 著　谢艳红　编译	30.00
	26	《美国名师游戏教学本土化应用：小学科学》	（美）玛西娅 L. 泰特 著　刘丽萍　编译	30.00
	27	《美国名师游戏教学本土化应用：小学社会》	（美）玛西娅 L. 泰特 著　姜梅芳　编译	30.00
	28	《美国名师游戏教学本土化应用：小学音体美》	（美）玛西娅 L. 泰特 著　尹立志　编译	30.00
鲁派名师名校·教育探索者系列	29	《悦读立人——校园阅读文化体系构建策略》	杨世臣	30.00
	30	《教育智慧何处来——一位特级教师的思考手记》	付立金	30.00
	31	《和雅文化——校本课程的创新构建》	汤善香	30.00
	32	《让个性绽放精彩——学校课程体系整合与创生》	谢建伟　徐淑萍	30.00
	33	《让每个学生都幸福——最能润泽生命的学校文化建设》	谢建伟　张新喜	30.00
创新教学探索系列	34	《神奇的阅读教室——带学生踏上美妙的阅读之旅》	李祖文	30.00
	35	《打造有生命力的课堂——"两步八环节"教学模式探索与实践》	查联智	30.00
	36	《最能培养学生探究能力的课堂——小学科学与信息技术单元整体课程实施与评价》	李怀源	30.00
	37	《最能激发学生运动天赋的课堂——小学体育单元整体课程实施与评价》	李怀源	30.00
	38	《最能提升学生艺术素养的课堂——小学艺术单元整体课程实施与评价》	李怀源	30.00
	39	《"生命语文"探索——焕发语文生命力的思考与实践》	王自成	30.00
	40	《粘连作文教学：让习作成为有个性的自我建构》	黄瑞夷	30.00
	41	《备学式教学——在体验中建构数学思维》	单广红　范雪梅	30.00
	42	《向着自主进发——自主教育的创新实施智慧》	朱亚红	30.00
	43	《写中学——让学习更有效的学科写作教学》	钟传袆	30.00
	44	《小学科学实验总动员——大科学课堂有效提升学生创新力》	江美华	30.00
	45	《小学语文单元整体课程实施与评价》	李怀源	30.00
	46	《小学英语单元整体课程实施与评价》	李怀源	30.00
	47	《小学数学单元整体课程实施与评价》	李怀源	30.00

系列	序号	书　　名	主编	定价
校园生态化系列	48	《点燃学习的激情——构建校园生态化学习型组织》	杨树岳	30.00
	49	《课改突围——构建学校生态化教学体系》	杨树岳	30.00
教育新思考系列	50	《语文教育向何处去》	王　丛	26.00
	51	《教育，就是做好普通的事》	孙志毅	27.00
	52	《走出语文的偏见——让学生体悟文本的原义》	丛智芳	30.00
	53	《让语文教学更高效——批注式阅读教学探索》	韩中凌	30.00
	54	《读写互促——探寻学以致用的语文教学》	曹　龙	30.00
	55	《跳出数学教数学——用文化融通数学教学》	马建秀	27.00
名师感悟系列	56	《让心灵伴着歌声成长——22位音乐名师的教育智慧》	陈　璞	30.00
	57	《超越自我的教师——32位名师的成长感悟》	李卫东　李秀伟	35.00
	58	《心灵的守护者——19位名班主任的教育智慧》	王晓松　曲文弘	30.00
	69	《名师感悟班主任有效工作艺术90例》	符礼科	30.00
	60	《名师感悟有效教学90例》	林高明　徐玉烟	30.00
教学信息化系列	61	《巧用白板教语文——信息技术与语文教学操作指南》	蒋丽清	30.00
	62	《跨越式实现高效课堂 ——信息技术与课程整合高效教学方案评析》	陈　玲　刘　禹	30.00
教师必读系列	63	《教师必学的16堂修养课》	武宏伟	30.00
	64	《教师不可不知的教学心理效应》	叶勇军	30.00
	65	《班主任不可不知的管理效应》	奚一琴	30.00
	66	《教师不可不知的教育心理效应》	孙　媛	30.00
	67	《校长不可不知的管理效应》	谢申刚　张金豹	30.00
	68	《成为好教师的7项修炼》	王福强　李维华	30.00
	69	《如何让学生会学习》	龙　冰	30.00
	70	《如何让学生爱学习》	周震宇　许小燕	30.00
核心教学主张系列	71	《新生代语文名师核心教学主张》	许友兰	30.00
解码学生心理系列	72	《孩子问题行为一点通 ——只有好老师才知道的学生心理谜底》	严育洪	30.00

系列	序号	书　　名	主编	定价
教育索求系列	73	《思政教学的人文力量》	戴晓华	30.00
	74	《师道新说——给教育者的30条箴言》	徐　卫	30.00
行思讲坛系列	75	《灵动而朴素地教语文——潘文彬的微格教育生活》	潘文彬	30.00
	76	《师爱无疆——润泽学生心灵的教育故事》	侯忠彦	30.00
	77	《怎样反思更有效——促进教师专业发展的反思策略》	诸贝贝	30.00
	78	《成为高度自觉的教育者——写给后课标时代的数学教师》	许卫兵	30.00
	79	《哲思数学课》	刘全祥	30.00
	80	《把学生教聪明》	严育洪	30.00
	81	《教师最应该规避的教育误区》	杨坤道	30.00
	82	《用语文的方式教语文——潘文彬教学主张与实践智慧》	潘文彬	30.00
	83	《怎样让阅读教学更有效——提升教学能力的十种读诵模式》	汪秀梅	28.00
	84	《让生命在润泽中起舞——当代小学生最需要的主题班会》	吴联星　罗琳　冯卫东	30.00
	85	《让生命欢快拔节——当代中学生最需要的主题班会》	冯卫东　吴联星	30.00
	86	《课堂因生成而精彩——高效教学的生成智慧》	张文质	30.00
	87	《回到每一个人的生命化教育——张文质二甲中学教育行动录》	张文质	30.00
	88	《智慧数学课——黄爱华教学思维的实践策略》	黄爱华	30.00
变革之路丛书　中国教育	89	《百年树人师何为——教师队伍建设困顿与出路》	将丽珠　李玉向	30.00
	90	《入园何时不再难——学前教育困惑与抉择》	曾晓东　范　昕　周慧	30.00
	91	《三尺书桌何处寻——流动人口子女教育困难与破解》	范先佐	30.00
	92	《苦旅何以得纾解——高考改革困境与突破》	郑若玲	30.00
	93	《择校纠结何时了——择校问题困局与治理》	曾晓东　周文海　曾娅琴	30.00
创新教学思想系列	94	《"大问题"教学的形与神》	黄爱华　张文质	30.00
校长领导力系列	95	《高品质学校生长要素》	王益民	30.00
	96	《校长高校教学领导力提升策略》	徐世贵　郭文咢	30.00
教育漫笔系列	97	《课堂，诗意地栖居》	吴书华	30.00

系列	序号	书　　名	主编	定价
新思维系列	98	《教育中的"不一定"——打破教育的19种思维惯式》	严育洪	30.00
教学提升系列	99	《有思想地教阅读——让学生学会品读文字真意》	王学东	30.00
教育艺术提升系列	100	《藏在师生体态语言里的教学智慧》	张　宇　廖生波	30.00
教学全手册系列	101	《小学习作教学全手册》	郭家海	30.00
教学全手册系列	102	《中学写作教学全手册》	郭家海	30.00
教学全手册系列	103	《情境教学操作全手册》	冯卫东	35.00
教学全手册系列	104	《合作教学操作全手册》	李春华	35.00
教学全手册系列	105	《探究教学操作全手册》	周新桂	35.00
教学全手册系列	106	《自主教学操作全手册》	诸葛彪	35.00
教学全手册系列	107	《创新教学操作全手册》	王　玮	35.00
教学全手册系列	108	《班主任工作全手册》	刘沛华	35.00
教学全手册系列	109	《新教师工作全手册》	周震宇	35.00
教学全手册系列	110	《学生心理健康教育全手册》	刘海莉　刘春杰	35.00
教学全手册系列	111	《高效教学操作全手册》	马友平	35.00
教育思想者系列	112	《教育，一切从孩子出发》	黄　俭	30.00
创新人才培养系列	113	《创新人才培养校园科普精品课程开发与指导——人大附中创新人才培养》	罗　滨	30.00
创新人才培养系列	114	《创新人才培养特色校本课程开发与创新人才培养——清华附中"国际安全下的科学技术"课程构建与实施》	王殿军　方　研　赵宏雁	30.00
创新人才培养系列	115	《创新人才培养：学校实验室建设与管理》	刘克文　杨发丽　杨　平	30.00
创新人才培养系列	116	《创新人才培养：数学探究活动开发与指导》	马云朋　韩继伟	30.00
创新人才培养系列	117	《创新人才培养：化学研究活动开发与指导》	王　磊	30.00
创新人才培养系列	118	《创新人才培养：物理探究活动开发与指导》	廖伯琴	30.00
创新人才培养系列	119	《创新人才培养：地理探究活动开发与指导》	张建珍　陈　澄	30.00
创新人才培养系列	120	《创新人才培养：生物探究活动开发与指导》	张迎春	30.00
创新人才培养系列	121	《创新人才培养：理念探索与思维突破》	王晶莹	30.00

系列	序号	书　　　名	主编	定价
新生代通派名师系列	122	《简约数学教学》	许卫兵	30.00
	123	《语文教学的本真——情意课堂展现母语之美》	吴建英	30.00
	124	《语文课堂的理想追求——欢快达成三维目标》	董一红	30.00
	125	《阅读教学的真髓——意象构建读出文学的真美》	祝　禧	30.00
	126	《美术教育的真谛——审美人生教育让生命绚丽成长》	陈铁梅	30.00
	127	《语文教学的理想境界——无痕教学润泽生命》	李　凤	30.00
	128	《儿童作文的本义——嬉乐作文让儿童乐并成长着》	王笑梅	30.00
	129	《名师是怎样炼成的》	王建明　王笑君	35.00
幼师成长系列	130	《幼儿行为背后——教师如何读懂幼儿的心思》	吴亚英	30.00
	131	《最具教育力的22种幼儿教育思想》	杨　达	30.00
	132	《幼儿教师必知的安全应急措施》	杨　达	30.00
	133	《幼儿教师必备的教育技能》	李　玲	30.00
	134	《卓越园长21条幼儿园管理策略》	周　丹　江东秋	30.00